JN334337

大野山から見た丹沢湖と西丹沢の山々

花立から見た塔ノ岳（右）、中央３つのピークは（左は蛭ケ岳、
中は棚沢の頭、右は不動の峰）、臼ケ岳（左）

大楠山より見た大楠平〝レーダードームとお花畑(菜の花)〟

盗人狩付近から見た毘沙門湾。正面右は浅間山

雪の杉本寺

鷹取山。ロッククライミングの名所でもある

真鶴岬・三ツ石

矢倉岳からの富士と石仏

霧氷の駒ケ岳山頂

大山阿夫利神社下社

シモバシラ　冬に咲く見事な〝氷の華〟

かもめ文庫 64

山本正基 著

新装版 かながわのハイキングコース ベスト50ぷらす3

＊本書で使用した写真はすべて、著者がコースを歩きながら撮影したものです。

まえがき

　早いもので、このガイドブックを上梓して七年になります。私にとって単独で本を書くということは、まさに人生の初体験で、読者の方の反響がどんなものか心配ばかりしておりました。

　幸い出版後、長い間書店で平積みが続き、この度の新版までこぎ着けたのは、ひとえにこの本を支えてくださった読者の皆様のお陰です。

　ガイドブックというものは、生の食べ物と同じ「活き」が勝負です。著者は絶えず最新の情報を持って読者の方に対処しなければなりません。そういう意味でこの七年間、私はこの本と生活を共にしました。大雨が降れば、あのコースは崩れやすいからと、現地に飛んで行き確認をするなどは日常茶飯事でした。そのお陰で、読者の方からの問い合わせにも比較的的確に答えられたと思っています。

ここ数年、中高年者の山への情熱は冷めるどころか、益々熱を帯びて盛んになっているように感じます。団塊の世代の大量退職もあり、余暇を健康のために使おうとしているのか、または昔とった杵柄からか、気軽にできる近郊のハイキングに向かう人が増えたのでは、と思っています。自然保護を叫ぶ人からは、このような人がガイドブックを読んで大勢押しかけ、登山道とその周辺を荒らし、結果として数年後には山の自然破壊につながるのでないのかという声も聞かれます。

逆に私は、高度成長を支えた団塊世代が仲良く自然に触れて、楽しく山を歩き、癒やされ、かけがえのない「かながわの自然」を次世代に引き継いでくれると信じてこの本を書いています。

ハイキングコースは概して街中を歩くことが多く、毎年多少なりとも変わっていくのが宿命です。再調査にあたっては、六年前の初版作成時に必死に歩いたコースの懐かしさと、まだ残り49コースあるとのプレッシャーの気持ちが入り交じるスタートとなりました。

50コースについては、例えば箱根駒ケ岳のように登山口の駒ケ岳ケーブルカーが廃止されたため、登山口を箱根園として、駒ケ岳ロープウエイを新たに紹介したようなものもあります。

結果は、全面的な変更はなかったのですが、順路の一部が工事中だったりと、やはり変化していました。自分が経験したすばらしい景色をイメージして家を出ても、途中からガスが出て思うような写真が撮れなかった事など多々ありましたが、締め切り直前の二〇一〇年一月に調査が完了しました。

掲載のコースは初版の50に加えて、さらに魅力ある3コースを追加しました。是非この機会に自然に触れながら、楽しく歩かれる事をお勧めします。

新コースの3カ所は、

一．発展著しいみなとみらい地区や山手周辺は、観光スポットとしてよく紹介されていますが、これらを繋ぐコースとしてはほとんど紹介されていません。開港の道の整備もあり、今回追加しました。

二．葉山の仙元山は低山ですが、意外と上り下りが激しく、冬場の手近なコースとしてお勧めです。

余談ですが、ここからは三浦アルプスと呼ばれる健脚向きのルートもありますが、現地の地形が複雑で、迷いやすいので、足に自信のある方は地理に詳しい方と同伴の

上、三浦半島横断コースとして田浦方面へ歩くのも楽しいでしょう。（京浜急行のホームページでもマップが見られます）

三．大磯鷹取山と湘南平の関東ふれあいの道を結ぶコースは、平塚市の海岸沿いの丘陵を歩く快適なコースで、歩く時間は長いですが眺めがよいのでお勧めです。

自然を楽しむ基本は、平素から健康に留意し「自然を楽しんで、より健康になって帰ってくること」だと、私は思っています。そして、自然のエネルギーを受け、充実した仕事や生活に役立てればと思っております。この本を読んで、一人でも多くの方が山を通して自然を楽しんでいただけたらと願っております。

山本正基

目次

県央・県北

＊コースは常に最新情報を記録するよう心がけましたが、登山道は厳しい自然の中にあり、天候の影響を受け常に変貌しています。掲載した中でお気づきの事などありましたら、お知らせいただけると幸いです。

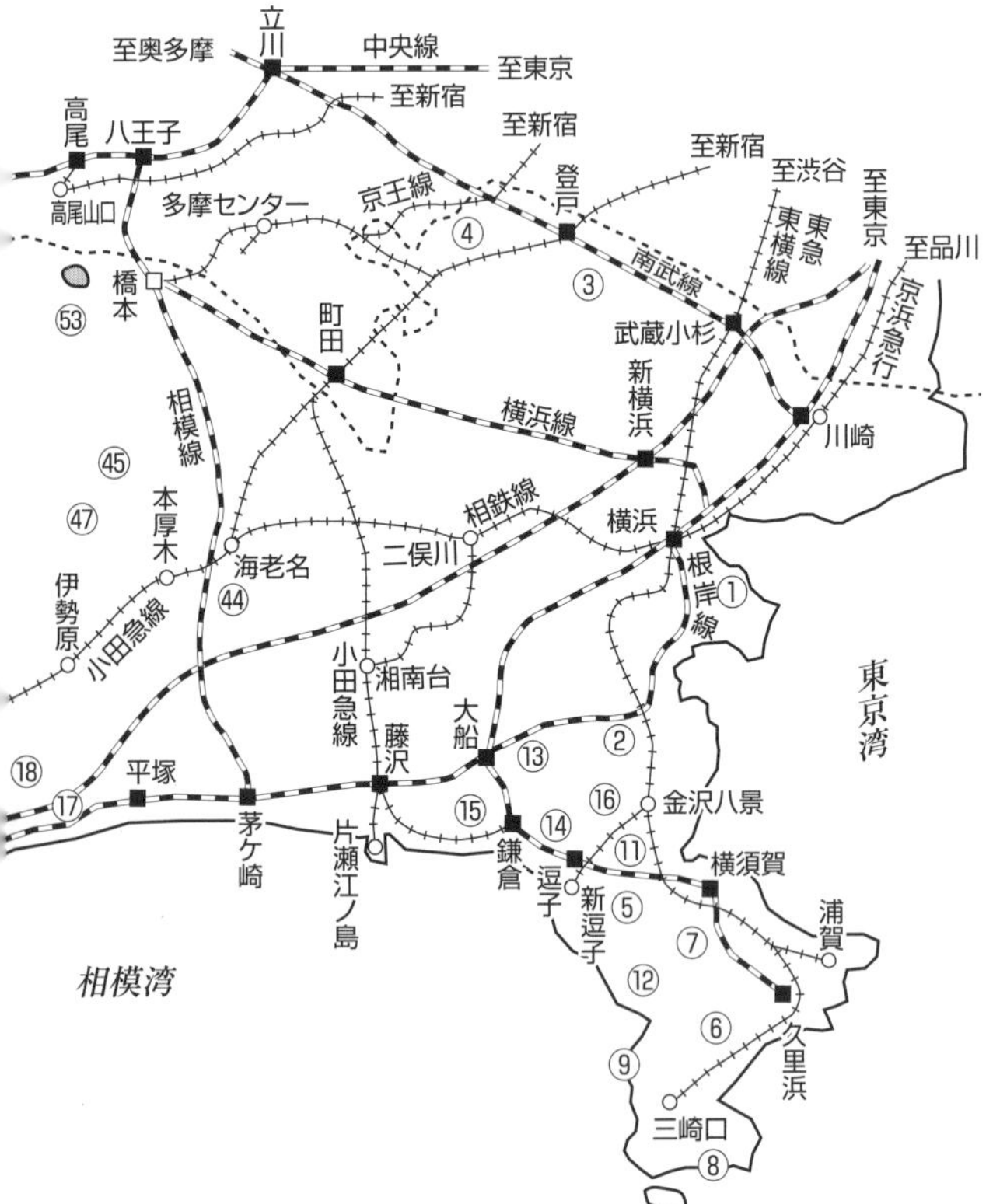

立川
至奥多摩
中央線
至東京
至新宿
高尾
八王子
至新宿
至新宿
至渋谷
高尾山口
多摩センター
京王線
登戸
東急東横線
至東京
至品川
④
南武線
京浜急行
㊾
橋本
③
武蔵小杉
町田
新横浜
川崎
相模線
横浜線
㊺
本厚木
相鉄線
横浜
㊼
二俣川
海老名
根岸線
①
伊勢原
㊹
小田急線
小田急線
湘南台
東京湾
大船
藤沢
②
⑬
⑱
平塚
⑯
金沢八景
⑰
茅ケ崎
⑮
鎌倉
⑭
⑪
片瀬江ノ島
逗子
新逗子
横須賀
⑤
浦賀
⑦
相模湾
⑫
⑥
⑨
久里浜
三崎口
⑧
⑩

コース一覧

横浜・川崎

1.みなとみらいから山手へ
2.円海山から天園へ
3.長尾の里めぐり
4.多摩自然歩道

三浦

5.田浦梅の里（梅林）から二子山へ
6.武山から三浦富士へ
7.安針塚から大楠山へ
8.剱崎から宮川湾へ
9.荒崎から和田長浜へ
10.城ヶ島
11.神武寺から鷹取山へ
12.仙元山

鎌倉

13.散在ガ池から建長寺へ
14.祇園山から名越切通へ
15.大仏から源氏山へ
16.朝比奈切通から鶴岡八幡宮へ

湘南

17.湘南平
18.大磯鷹取山から湘南平へ
19.曽我丘陵
20.農村公園から富士見塚へ

箱根

21.紹太寺から石垣山へ
22.飛竜の滝から千条の滝へ
23.金時山から乙女峠へ
24.山伏峠から三国山へ
25.駒ケ岳から神山へ
26.箱根旧街道
27.真鶴岬
28.幕山から南郷山へ
29.湯河原城山
30.矢倉岳から足柄峠へ
31.明神ケ岳から明星ケ岳へ

丹沢

32.ヤビツ峠から三ノ塔へ
33.高取山から聖峰へ
34.渋沢丘陵
35.弘法山から鶴巻温泉へ
36.塔ノ岳
37.頭高山
38.不老山
39.大山から日向薬師へ
40.山北駅から大野山へ
41.シダンゴ山から宮地山へ
42.高松山から尺里峠へ
43.河村城址から洒水の滝へ

県央・県北

44.海老名の文化財めぐり
45.巡礼峠から白山へ
46.仏果山から宮ケ瀬へ
47.鐘ケ岳から広沢寺温泉へ
48.景信山から小仏城山へ
49.石老山
50.陣馬山から奈良子峠へ
51.生藤山
52.南高尾縦走（高尾山から峰の薬師へ）
53.津久井城山

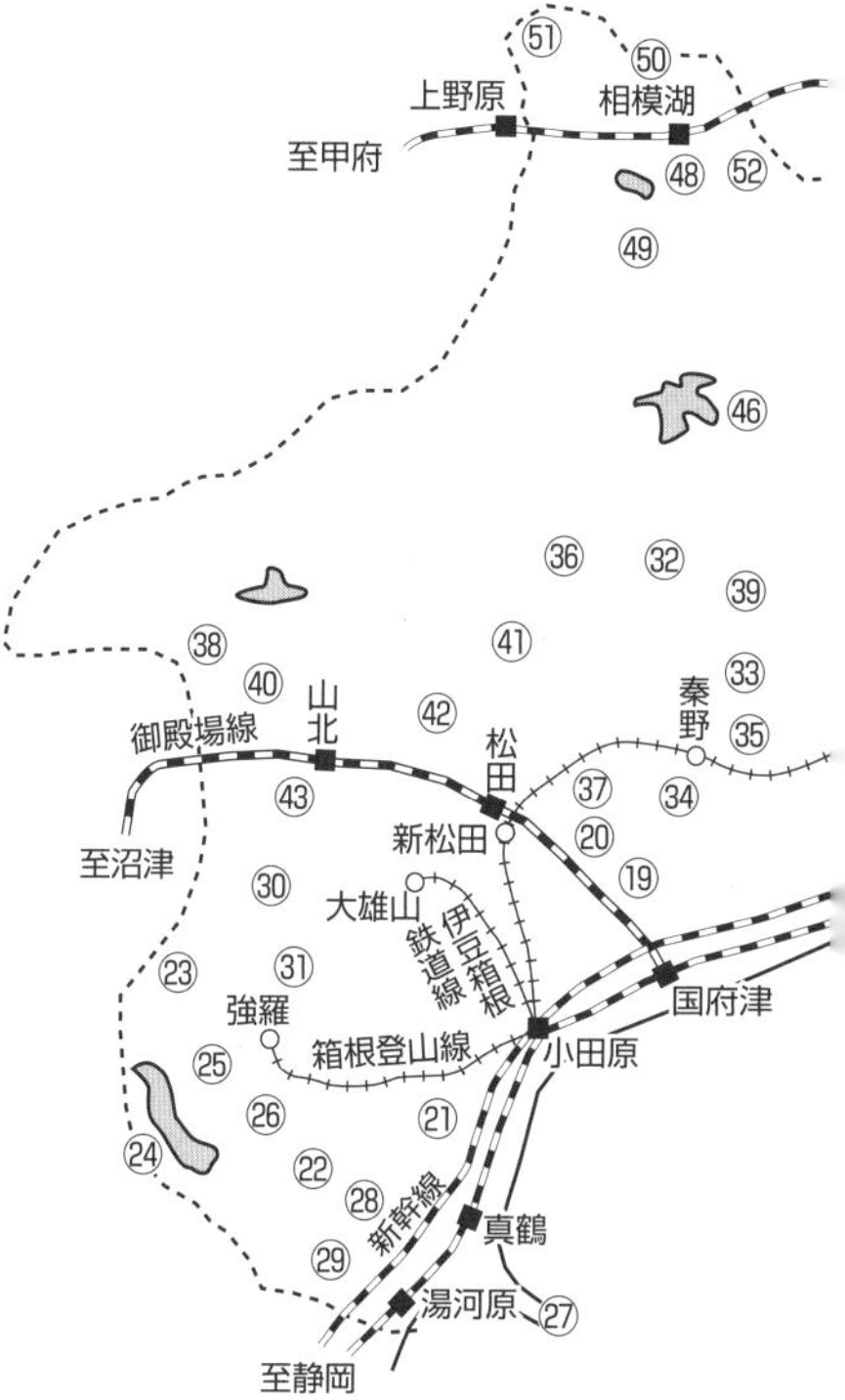

ハイキングの前に

Ⅰ　準備するもの

1．地図と情報の入手

本書の地図は国土地理院の地形図（二万五千分の一、または一万分の一）を基にした略図です。地形図は読みこなすのが難しいので、携帯用には「山地図」がお勧め。山域ごとに一枚の大きな地図になっていて、コースタイム・登山情報・山小屋・コースの注意などが記載されていて便利です。県内分は丹沢、箱根、高尾・陣馬などが市販（昭文社刊）されています。購入する場合には最新の版を求めましょう。

また、地図や案内書が地元市町村役場や駅前の観光案内所などで無料配布されているので、活用するのも一つの手です。

コースは、調査時には問題なくてもその後台風や大雨、地震などにより通行不能になることがあります。出発前に地元自治体等に問い合わせて状況を確認したり、現地で登山道が崩れたりしている場合は、無理せず引き返すなど臨機の対応も必要です。

2. 服装——長ズボン長袖が基本

暑い時季にはTシャツに半ズボンは快適ですが、夏でも長そでシャツを持参し、長ズボンを着用するのが〝山登りの鉄則〟と言われています。日焼けや虫刺され程度ならともかく、春先や秋口からは天気が急変して雨（または雪）に遭遇した場合、対応を誤ると低山でも「疲労凍死」を招くことがあるからです。身近な山も注意が必要です。

3. ザック——荷物は背中に

ハイキングに必要なザックの購入ポイントは、体格に適し、背負いやすく、目的に応じた大きさであるかどうかです。初心者は登山専門店でアドバイスを受けて購入すると失敗がありません。本書で紹介するコースなら、ザックの容量は20リットル程度でもいいですが、冬は防寒具などを収納しきれない場合があるので少し大きめのものが良いでしょう。山登りの本にある装備一式をザックに詰めようとしても入りきりません。何を持って行き何を置いていくか、最初のうちは経験者の助言に従って。何回か体験すれば、自分の必携品が分かります。

4. 登山靴

近郊のハイキングコースはスニーカーでも歩けますが、できれば岩や木の根などから足を保護する「登山靴」がベストです。布製、革製など種類が多いので、登山専門店でよく相談して、足によく合いなじむ靴を求めましょう。

5. 雨具

コースの途中で雨などに降られ、着ていたものがぬれると体温は急速に低下し、時には命とりになります。天気が良くても雨具は必ず携行しましょう。最近の雨合羽の防水技術は優秀で、雨を弾き湿気は外に出す構造になっています。危険の少ないコースでは雨傘も有効です。ザックにも防水カバーを忘れずに。

6. ストック

今人気の登山用具にストックがあります。昔流に言うと杖《つえ》。年を重ねると膝などの故障が多くなりますが、(主治医の診断は必要ですが)正しい知識に基づきストックを使い、膝への負担を軽減すれば、山を楽しむのは十分可能であると言われています。私の知人で尊敬する登山家でもある整形外科のドクターは、膝や足の故障のある方は、日頃から「杖をついて歩こう」と勧めておられます。膝の痛む方は、勇気づけられます。

7. ヤマビル対策

東丹沢を中心に3～11月頃にかけて、一日の最低気温が10度以上、湿度が60%以上になるとヤマビルが発生します。ヤマビルは血を吸うヒルで、毒はないが吸われるとかゆく、血がしばらく止まりません。気温が20度以上の雨上がりなどに活発に動きます。吸血予防対策（ストッキングやロングタイツの着用、忌避剤として塩水（20％）や市販の忌避スプレー等）を十分しましょう。

Ⅱ　山に行ったら

1．歩き出す前に

電車やバスを降りて、いきなり歩き始めると体に無理がかかります。手足を中心に全身のストレッチを十分に行い、準備をしてから歩き始めましょう。また、登山靴の靴ひもや衣類の調整、トイレなどをテキパキとすませてから出発しましょう。

2．山の楽しみ

ハイキングの楽しみ方はいろいろ。頂上にどっかり座り、ガスコンロで湯を沸かしコーヒーを布で濾《こ》して飲むも良し。香りとともにひとときの幸せをしみじみ感じます。「山登りは楽しいものです」と書いたところ、「何がそんなに楽しいのか？」との質問。山は日々変化し、四季の表情も千差万別。木々の芽吹き、新緑、花、紅葉など実に豊か。小さな山も自分の足で歩いてこそ、一歩ずつ頂上に近づくのです。その結果たどり着いた頂上の感激は、行った人だけの楽しみなのです。

3．疲れない歩き方

「疲れない歩き方」、これを会得すれば誰でも山歩きの達人ですが、特別なことではありません。強いて言えば「歩きと休憩のバランスをとりながら」、ということでしょうか。歩くペースは、特に登る時はゆっくりと、疲れ切るまで頑張らない。適当な時間だけ歩いたら、休憩をとるのがコツですが、眺めの良い場所での適度な休止などは疲れも吹き飛ぶもの。ただ、あまり長く休み過ぎないことです。

4．休憩の取り方――休憩時にやるべきこと

単調な山登りの疲れをとるには、休憩時間を有効に使いましょう。休むときは立ったままでなく、ザックをおろし腰掛けて身体全体を休ませ、冷え防止に上に一枚着用。エネルギー・水分の補給も忘れずに。登山記録を書いたり、動植物をスケッチするのもお勧めだが、休憩は十分から十五分程度。長時間の休憩は体が冷えるので禁物です。

5．水分の取り方

登山では大変に汗をかくので、こまめな水分補給を怠ると脱水症状を起こすことも。

夏では1《リットル》以上、冬でも500《ミリリットル》以上が最低の目安。水、ジュースなどを好みで持参し、休憩時間にどうぞ。ただし、一度に大量補給すると体が疲れるだけです。水筒は特に購入しなくても、使用済みのペットボトルが便利。わたしは粉末のスポーツドリンクをボトルに溶き、利用しています。

6．行動中の注意

夏は薄着でも良いのですが、春先や秋口以降は朝晩や山の頂上などでは冷え込みます。防寒・防風にはフリース、セーター、ジャンパーなどを持参。日没も早いので、早く出発して明るいうちに帰到着することを心掛け、易しい山でもヘッドランプなど照明器具をお忘れなく。その際は必ず、予備の電池と電球を持って行きましょう。

7．雨や汗にぬれた時のために

登山は全身運動なので、予想以上に汗をかくものです。少し高い山でぬれた衣服のまま強風に遭うと、夏でも急激に体温を奪われ、最悪の場合「疲労凍死」という事態になります。綿製品の下着は特に冷たく感じます。シャツは速乾性・非保水性に優れた化学繊維素材（特殊なポリエステル製など）のものを選ぶと、ぬれても速く乾き快適です。

Ⅲ. マナー

ハイキングコースで公然とゴミを捨てたり、植物を採取する人が後を絶ちません。とっていいのは写真だけ、残していいのは足跡だけです。「ゴミは持ち帰る」「植生保護のため決められたコースを外れて歩かない」などは当然ですが、意外と忘れがちなのが団体行動のマナー。頂上を占拠したり、電車やバスの車中においての大声での会話など、節度を守ってほしいものです。

限度を越えて利用された道は、荒れて水たまりができたりして歩きにくいですが、正規のコースを外れて歩くと植生破壊につながります。必ず指定の道を歩きましょう。

Ⅳ. もしもの時

1. 保険

中高年者の山登り熱はますます盛んですが、気持ちは若くても体力の低下は避けられません。もしもに備え、本格的な登山をする人は「山岳保険」、軽ハイキングなら各保険会社で取り扱っている、当日のみの掛け捨て保険に入りましょう。山岳保険は、高額になる捜索費用の出るタイプが良いと思います。

2. 雷

雷は、対応を誤ると大変危険です。県内では一九九二（平成四）年の大山・見晴台での落雷事故（一名死亡、数人負傷）がありました。雨が降ってこなくても雷雲に気付いたら見通しの良い尾根は避け、なるべく低い安全な場所に速やかに移動しましょう（雷雲は約三十分程度で通過します）。天気予報を確認し、雷雲の予想される時は午前中に行動を終えるなどの対応も必要です。

3. 携帯電話

紹介する多くのコースでは、見通しが利けば携帯電話が通じます。万一の時、非常連絡手段として有効です。利用するときは、現在地点をはっきり告げるのが、救助を早く受けるための鉄則です。最近はナンバーを付けた看板を地元消防が設置している登山道もあるので、これを確認して連絡してください。

ハイキングの後に

1. 体のストレッチと登山用具

ハイキングを終えて、乾いたノドを潤すビールは格別なものですが、乾杯の前に全身のストレッチを充分に行い筋肉痛を予防しましょう。同時に帰宅後は、登山靴、ザック、雨具など登山用具の手入れもお忘れなく。

2. 懇親会

ハイキングの後に行う懇親会は参加者の楽しみの一つです。私の参加する山の会では、「反省会」と称して例会の都度、毎回欠かさず下山口付近で懇親会を行っています。同じ山を登り、汗をかき、無事に下山した仲間同士ならではの語らいにも力が入ります。話題は今日のコースの感想から、次回登る山の話などさまざまです。反省会でビールを飲むことを目標にハイキングに参加する方もいるほどです。

3. 記録の整理

ハイキングが楽しい記録として残るように、撮影した写真をアルバムに貼ったり、地図を整理をする時に簡単な記録（コースタイムやコメント）を記入しておくとよい思い出となるでしょう。

横浜・川崎

① みなとみらいから山手へ

新旧横浜の絶妙なコントラストを味わう

【徒歩】2時間

▼今や横浜の顔となった若さあふれる新港地区から異国情緒ただよう山手まで、開港時代をしのびながらミナト横浜を堪能します。

▽【地図】国土地理院地形図（二万五千）横浜東部

▽【コース】桜木町駅（10分）帆船日本丸（汽車道20分）横浜赤レンガ倉庫（10分）象の鼻（20分）大さん橋（10分）山下公園（20分）港の見える丘公園（5分）外人墓地（5分）元町公園（10分）カトリック山手教会（10分）石川町駅

ＪＲ根岸線**桜木町駅**前広場の左手、「日本丸メモリアルパーク」内の中心にある**帆船日本丸**は、一九三〇（昭和五）年に進水し、運輸省の航海練習船として使われた。一九八四（昭和五十九）年に引退したが、かつてその姿は太平洋の白鳥と称された。公園内の横浜みなと博物館で横浜港の歴史を学ぼう。立ち寄る価値大だ。桜木町駅前に戻り、港の見える丘公園へ至る「開港の道」を進む。足元に目をやると、帆船が描かれた開港の道のマークが埋められ、案内板も設置されている。

　コースはかつての臨港鉄道線を利用し整備され、レール跡も残されている。運河パークを過ぎると**横浜赤レンガ倉庫**（1、2号館の正式名称は新港ふ頭保税倉庫）だが、保税倉庫の役割は一九八九（平成元）年で終え、今は一号館が文化施設、二号館は商業施設として利用されている。周囲の「赤レンガパーク」は、いまや若者や観光客の人気スポットだ。

　この先新港橋を渡ると横浜港発祥の地である開港波止場（一八五九年開港）。周辺は「**象の鼻パーク**」として整備され、芝の広場は市民の憩いの場となっている。高架の道の右手には横浜のシンボルタワー、県庁・横浜税関・開港記念会館があり、船乗りたちはこの三塔に親しみを込めそれぞれキング、クイーン、ジャックと呼んでいる。

　さらに県庁前には横浜開港資料館（元英

11,500名もの実習生を育ててきた帆船日本丸

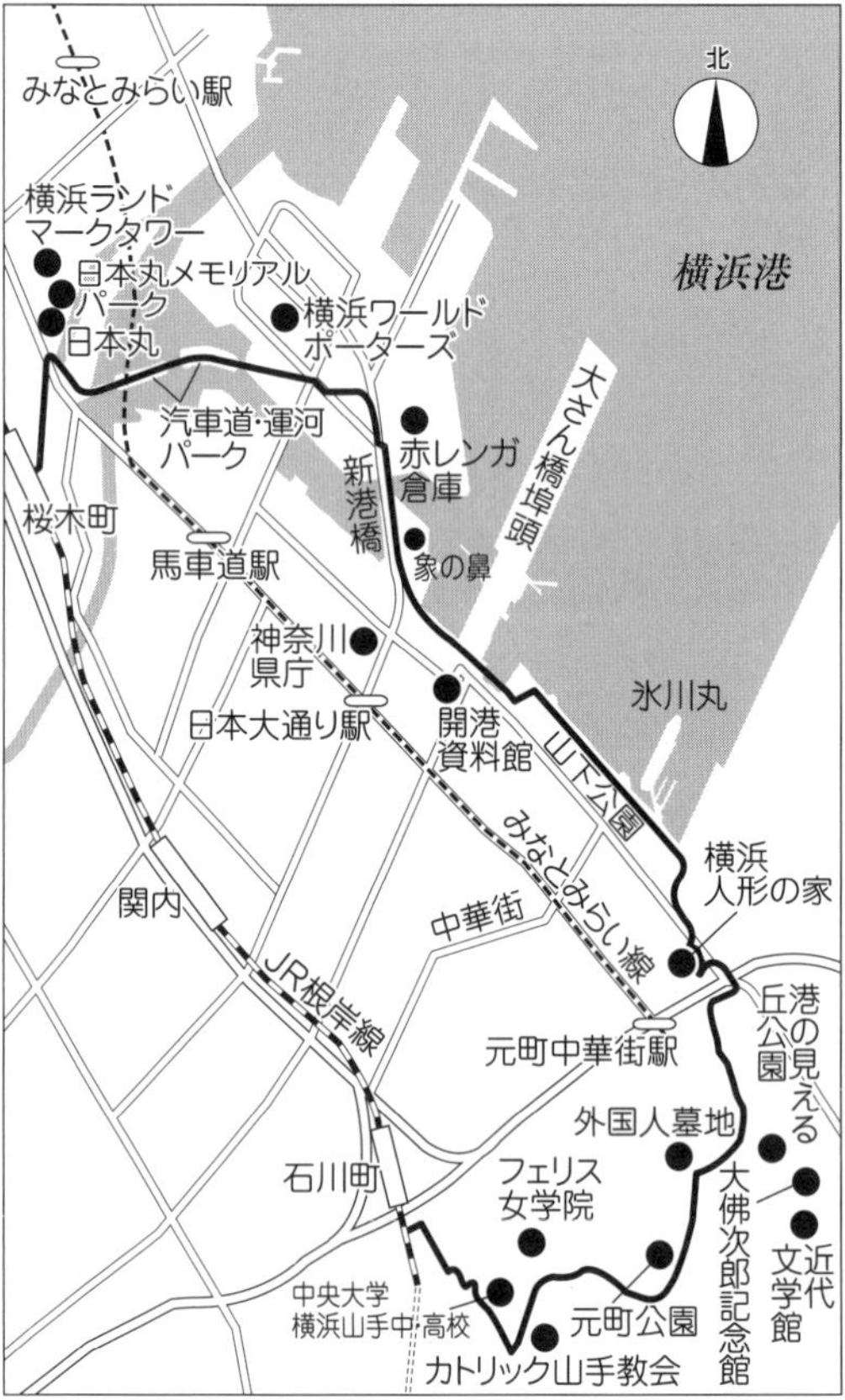

◎みなとみらい地区の詳しい交通マップは、インターネットサイト「横浜ベイシティマップ」から閲覧できる。

国領事館）があり、幕末から昭和初期にかけての歴史資料が展示されている。

大型客船の停泊でにぎわう**大さん橋**を左に見て**山下公園**に向かおう。岸壁には一九三〇（昭和五）年に建造された氷川丸（総トン数一二、〇〇〇トン）が一九六一（昭和三十六）年にその役割を終えて係留され、横浜マリンタワーとともに修学旅行生などでいつもにぎわっている。

公園を後に山下橋を渡り、**港の見える丘公園**内のフランス山（フランス領事館公邸跡）へ向かう。信号を渡り、このコース唯一の上り坂をゆっくり上ると、正面に県立近代文学館や大佛次郎記念館、振り返ると港方面の眺望が楽しめる。山手公園北側入口の信号を渡ると、北側に明るい雰囲気の**外人墓地**と横浜市街が一望できる。周辺はかつて世界に目を向けた人々が建てた、港町らしい由緒ある洋館や多くの学校が建ち並び、趣のあるアカデミックな一角でもある。**元町公園**、フェリス女学院と続き**カトリック山手教会**を過ぎたら横浜山手中・高校。それを目印に曲がり階段を下る。その下は大丸谷坂でほどなく**石川町駅**に出る。

【見どころ】 シルク博物館（山下町）、横浜人形の家（山下町）、岩崎博物館（山手町）、山手資料館（山手町）など。

②円海山から天園へ

見どころ充実、雑木林の尾根歩き

【徒歩】3時間40分

▼峯の灸《きゅう》で有名な横浜市の南部に位置する円海山から鎌倉市の天園《てんえん》を通り鎌倉市中心部までを歩きます。長丁場で分岐も多いが道標が明らかなことや、見どころが多いのも特徴です。

▽【地図】国土地理院地形図（二万五千）戸塚、鎌倉

▽【コース】港南台駅（15分）港南台消防出張所（30分）いっしんどう広場（45分）大丸山（10分）関谷奥見晴台（15分）市境広場（30分）天園（30分）瑞泉寺（15分）鎌倉宮（20分）鶴岡八幡宮（10分）鎌倉駅

ＪＲ根岸線**港南台駅前**の「港南台駅前」信号を左に折れ直進。五百㍍ほど先の「港南台駅入口」信号を渡り左に折れて直進し「港南台五丁目」信号のすぐ先の**港南台消防出張所**手前を右へ入る。この先に「円海山・大丸山マップ」の案内板があるので、行き先のコースを確認し、左に折れ緩やかな坂を上ると右側に瀬上湖を望む展望ポイントに着く。その先がアンテナのある円海山無線中継所でトイレもある。ここからは横浜の北部が望め天気が良ければランドマークも眺望される。わずか

瑞泉寺裏山の貝吹地蔵

な上りで、「いっしんどう広場」だ。円海山はさらに直進すると左手にあるが、フェンスで囲われ立ち入ることはできない。

鎌倉の天園までは雑木林の尾根歩きで、高低差も少なく快適。

氷取沢市民の森、瀬上市民の森（瀬上池）、金沢自然公園（金沢動物園）などの分岐にコース案内板があり気に入ったコースを散策しよう。「円海山周辺の森」は「かながわの美林五〇選」にもなっており、都市部の貴重なグリーン帯を形成している。

「庄戸」バス停近くの大丸山入口から丸太の階段を上ると五分ほどで頂上。標高一五六・八メートル、横浜市の最高点（以前、最高峰は三・五メートル低い円海山とされてい

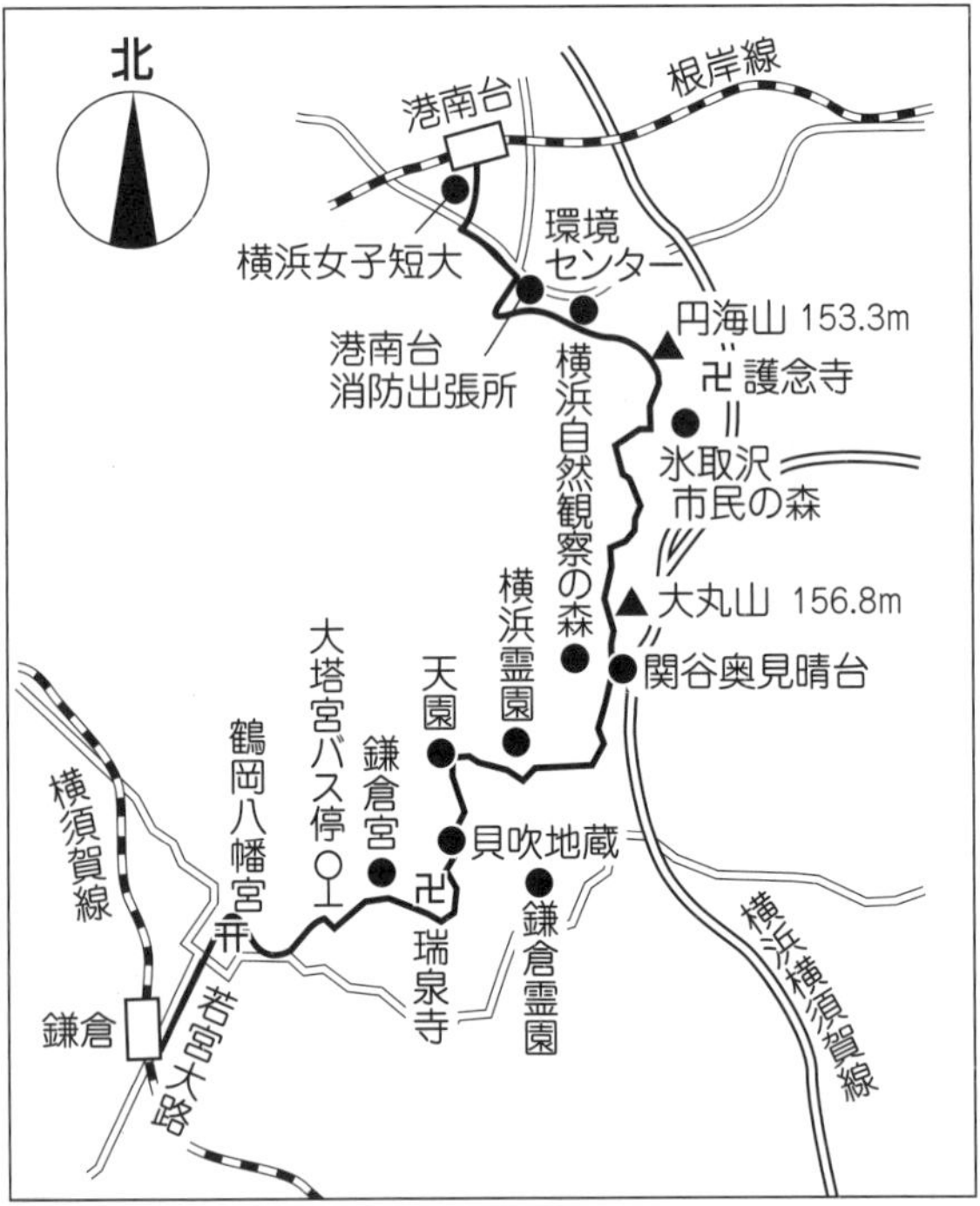

◎横浜市では、「円海山周辺マップ」を発行しており市のホームページでも閲覧できる。
（みどりアップ推進課☎045－671－2624）

た）で、三角点もある。大丸山分岐に戻り、左に折れると**「関谷奥見晴台」**。北東に横浜市街が広がる。横浜自然観察の森への分岐を右に見て**市境**（横浜、鎌倉境）**広場**を過ぎ、行く手右側にフェンスが現れると、もうひと上りで茶屋のある**天園**だ。このあたりは六国峠と呼ばれている。峠より少し下がったところからは、鎌倉市街や相模湾が望める。ここから天台山を経て瑞泉寺へ下る。途中にある「貝吹地蔵」は、攻め寄る新田軍から北条勢を守るため法螺《ほら》貝を吹いたという伝説がある。**瑞泉寺**（臨済宗）は、境内全体が国の史跡で、本堂裏の庭園（夢想疎石作）は国の名勝に指定されている。関東十刹の第一位。ウメ、スイセンの花や、紅葉も見応えがある。帰途は**鎌倉宮**から**鶴岡八幡宮**を抜け**鎌倉駅**へ。「大塔宮」バス停から鎌倉駅へのバスも利用できる。

【見どころ】横浜自然観察の森では、「観察の道」が四本（ミズキの道、コナラの道、タンポポの道、ウグイスの道）あり、**自然観察センター**を中心にガイド、展示、観察会などが開催されている。

（横浜市自然観察センター☎045―894―7474）

＊二〇一一年三月三刷より出発駅を洋光台駅から港南台駅に変更しました。

③

長尾の里めぐり

四季を通じて楽しめる花と緑

【徒歩】２時間

▼四季を通じて楽しめる花の名所を訪ね、川崎市多摩区の「長尾の里」をめぐります。なかでも川崎市緑化センターは四季を通じて楽しめるお勧めポイント。里道がほとんどなので、道標や絵看板に注意しましょう。

▽【地図】国土地理院地形図（二万五千溝口

▽【コース】宿河原駅(15分)川崎市緑化センター(30分)妙楽寺(5分)五所塚(5分) 等覚院(15分)東高根森林公園(30分)緑ケ丘霊園噴水(20分)津田山駅

ＪＲ南武線宿河原駅から道標に従って**川崎市緑化センター**へ。二ケ領用水路川岸の散歩道を進むと、四季折々の花と緑が一年を通じて、心を和ませてくれる。園内には噴水、水車、芝生広場、植物見本庭園、野草の小道などが整備され、緑の教室も開かれている。センターをあとに宿之島橋を渡る。道標に従って進み**緑化センター**南側の信号を渡り、ナシ園など自然の面影を残す里道を行くと府中県道。「長尾」バス停付近の「あじさい寺入口」の信号で県道を横断後直進し、分

緑化センター付近の桜（二ケ領用水）

岐を右に折れると、緩い上り坂から後の眺望は素晴らしく、川崎市街地や遠く新宿副都心のビル街がシルエットになって見通せる。しばらく進むと右側に約千本ものアジサイ（見ごろは六～七月）で訪れる人も多い**妙楽寺**（天台宗）で、その先が正月の射的《おまと》祭で有名な長尾神社。神社からの坂を上りきった所には囲いに守られ小さな塚の**五所塚**。この西側は道路を挟んで向ケ丘遊園（閉園）を経て生田緑地につながる。道はこの先で下り坂となっており、ツツジで有名な林の中にある**等覚院**（天台宗）へと続く。

境内には、数百株のツツジがあり五月には見学者が絶えない。元に戻り、東名

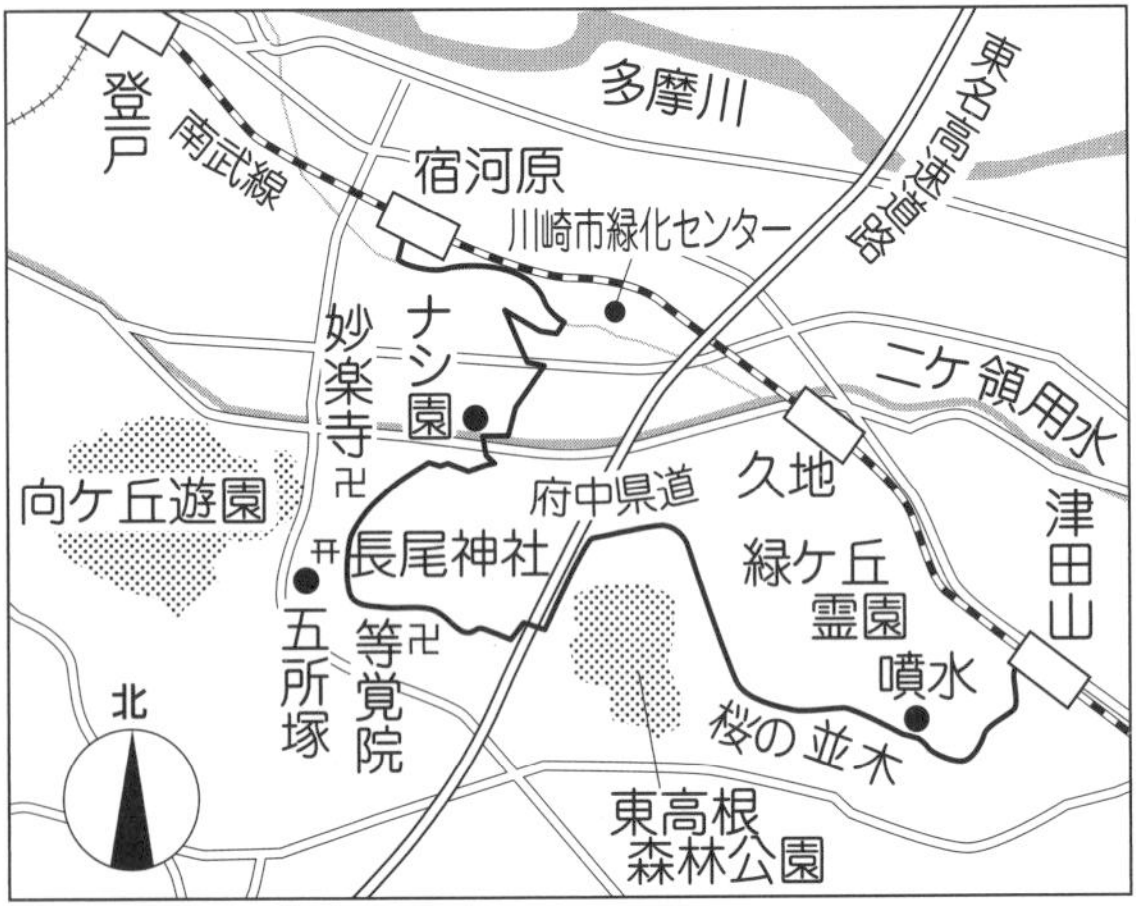

ツツジで知られる等覚院

高速道路の高根橋を渡ると、**県立東高根森林公園**北入口だ。十ヘクタールもの広さをもち、県指定天然記念物の「シラカシ」が自然林に近い形で残されている。また湿生植物園や古代集落跡の芝生広場などが整備され、四季を通じて楽しめる。公園北入口から右に折れ、東名高速道路沿いを道標に従い進むと川崎市営の**緑ヶ丘霊園**の北側入口に着く。参道は六百本の桜が植えられ、春には一キロの花のトンネルとなる市内最大の桜の名所で、五九ヘクタールの大規模な公園墓地でもある。園内の西側の大きな通りを南に向かう。噴水のあるあたりから下り坂となり、霊園事務所を過ぎると、終点のＪＲ南武線**津田山駅**だ。

等覚院参道に咲き誇るツツジ

④

多摩自然歩道

都市部に残った緑地帯を歩く

【徒歩】2時間

▼川崎市多摩区へ。読売ランド前駅から多摩緑地の遊歩道を通り、さらに県都境に残る小沢城址緑地の遊歩道を探索しましょう。

▽【地図】国土地理院地形図（二万五千）溝口

▽【コース】読売ランド前駅（25分）菅さくら公園（10分）農業技術支援センター（旧フルーツパーク）（5分）寿福寺（25分）小沢城址（20分）指月橋《しげつ》（15分）薬師堂（20分）稲田堤駅

小田急線読売ランド前駅の北口改札を抜け、道路を横断して住宅地の路地に入る。住宅地横の階段を上ると多摩自然遊歩道の始まりで、ここから雑木林の一本道となる。開発の激しいところだが、ナラ、コナラ、竹林を中心とした緑地帯を歩く。途中左右にいくつかの分かれ道があるが、どれも先で合流する。歩道を抜けて右の階段を上り道路に出ると、右側の先には読売巨人軍の合宿所がある。案内板に従ってフェンス沿いに進むと、左側は「よみうりランド」で、ときおり遊園地の歓声も聞こえる。

「菅さくら公園」の先には、「農業技術支援センター（旧フルーツパーク）」がある。市内の果樹試験研究を行うためのもので、園内にはミカン、モモ、ナシ、カキ園、熱帯果樹温室もあり、大噴水と芝庭園がある。事務所を兼ねた休憩所では周囲の展望も楽しめ、ゆっくりと休める。正面出口から左に梅林の見事な寿福寺（臨済宗）へ向かう。春先の梅林は見事だ。

住宅地のなだらかな下り坂を通って二又を左に折れ、案内板に従い進むと小沢城址への山道となる。自然の残された雑木の道は「きたん坂」と呼ばれる。城址は都県境にあって休憩用のベンチもあり、緑地保全地区となっているため、自然の中での静かな雰囲気を味わえる。休憩後は東へ、小沢峰（天神山）から祠《ほこら》のある浅間山を通り、小さな上り下りを繰り返し尾根道を進み、登

小沢城址

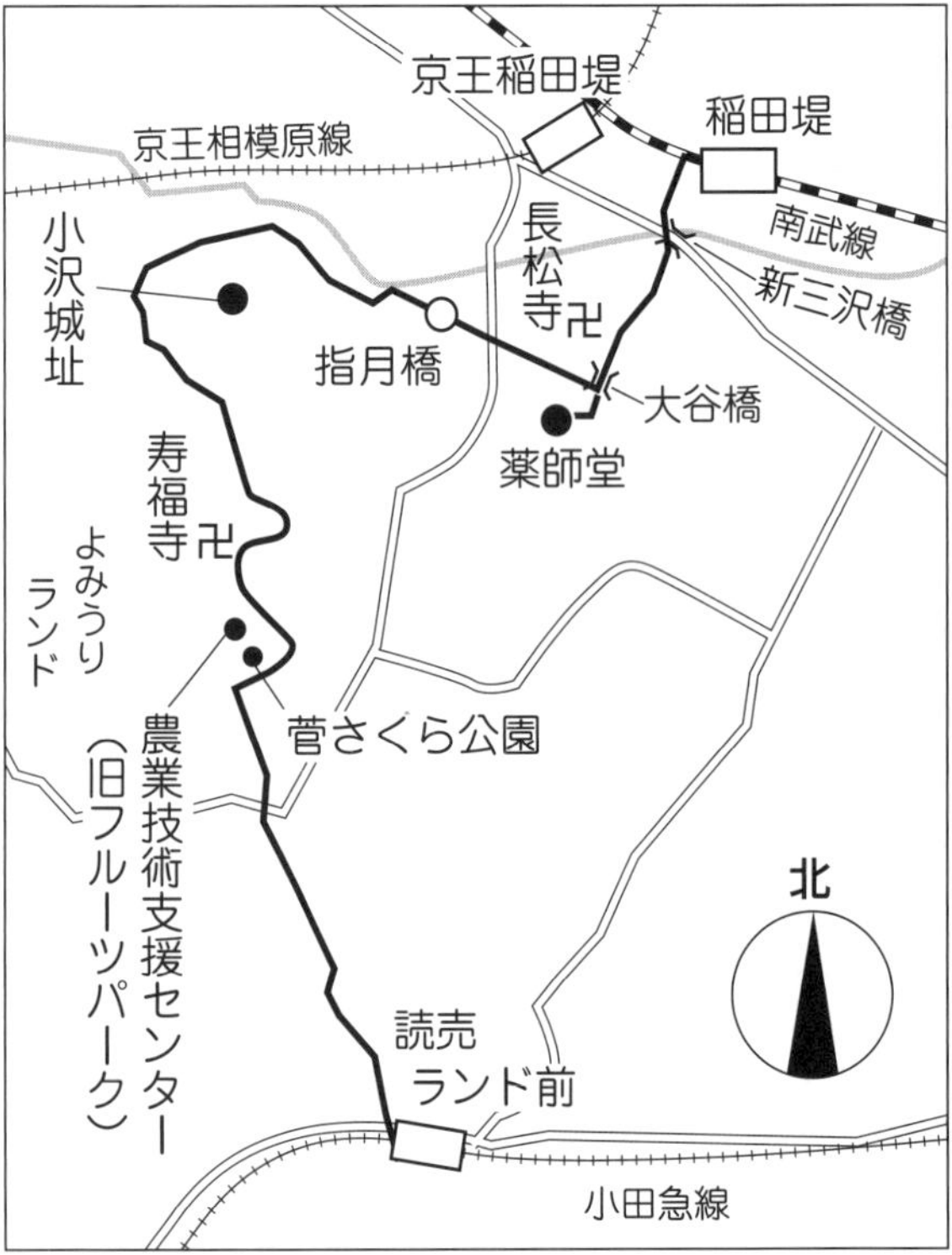
京王稲田堤
稲田堤
京王相模原線
南武線
長松寺
新三沢橋
小沢城址
指月橋
大谷橋
薬師堂
寿福寺
よみうりランド
菅さくら公園
農業技術支援センター（旧フルーツパーク）
北
読売ランド前
小田急線

菅の獅子舞で知られる薬師堂

山道入口の道標のある所に出る。途中、樹林の合間からは東京多摩の町並みが見える。

旧三沢川に沿って進み、**指月橋**を渡りさらに川沿いを行く。大谷橋の絵看板から坂を上った所が、民俗芸能の「菅の獅子舞」で有名な**薬師堂**だ。天狗と牡獅子、牝獅子、久獅子四人が豪快に踊る市の重要習俗技芸で、神奈川無形民俗文化財にも指定されている。大谷橋に戻り、長松寺（臨済宗）を経て、府中県道に出る。新三沢橋の信号を渡り、左に折れると**京王稲田堤駅**。そのまま進むとＪＲ**南武線稲田堤駅**に着く。私鉄、ＪＲどちらの駅に行っても時間的にはあまり変わらない。

三浦

⑤

田浦梅の里（梅林）から二子山へ

静かな山歩きと渓流歩きの道

【徒歩】４時間

▼三浦半島最大の梅林（約二千七百本）田浦梅の里を訪ね、逗子・葉山から相模湾に注ぐ森戸川の源流を歩きましょう。

▽【地図】国土地理院地形図（二万五千）横須賀、鎌倉

▽【コース】田浦駅（30分）田浦梅の里展望台（20分）田浦橋（55分）東逗子駅分岐（20分）森戸川分岐（二子山往復（25分））（60分）こがね橋（30分）長柄交差点バス停（バス10分）逗子駅

JR横須賀線田浦駅から国道16号線を右に折れ、田浦隧道《ずいどう》を抜け田浦郵便局先の「田浦町三丁目」の信号を渡り、商店街を進む。先の分岐を右に折れたら正面に田浦小学校を見て左に折れ、京急のガードをくぐると**田浦梅の里**の道標がある。住宅の間の路地を進み、左に折れると「田浦梅林発祥之地」の石碑があり階段が上へと延びている。途中に四阿や休憩施設があり、ゆっくり休みながら上るのにちょうど良い。一段高いところが芝生の広場で**展望台**がある。

展望台とその向こうに長浦湾

ここは梅の名所であるがスイセンも多く、二～三月が見ごろだ。眺望は抜群で、三浦半島はもちろん横浜のランドマークタワーや、房総半島まで眺められる。二子山への道標に従い、山道を進み横浜横須賀道路に架かる**田浦橋**を渡ると、快適な山道になる。一部にはロープも設置されているが、滑りやすいので慎重に。上りきって尾根道に合流したら右に曲がる。尾根筋は雑木林に覆われ、静かな山歩きを楽しめる。このコースの特徴はこの山を愛する人たちの手作りの道標が多いことで、途中の分岐でも迷わない。

東逗子駅からの道との合流を右に見送って、登山道沿いに桜の植わった道を

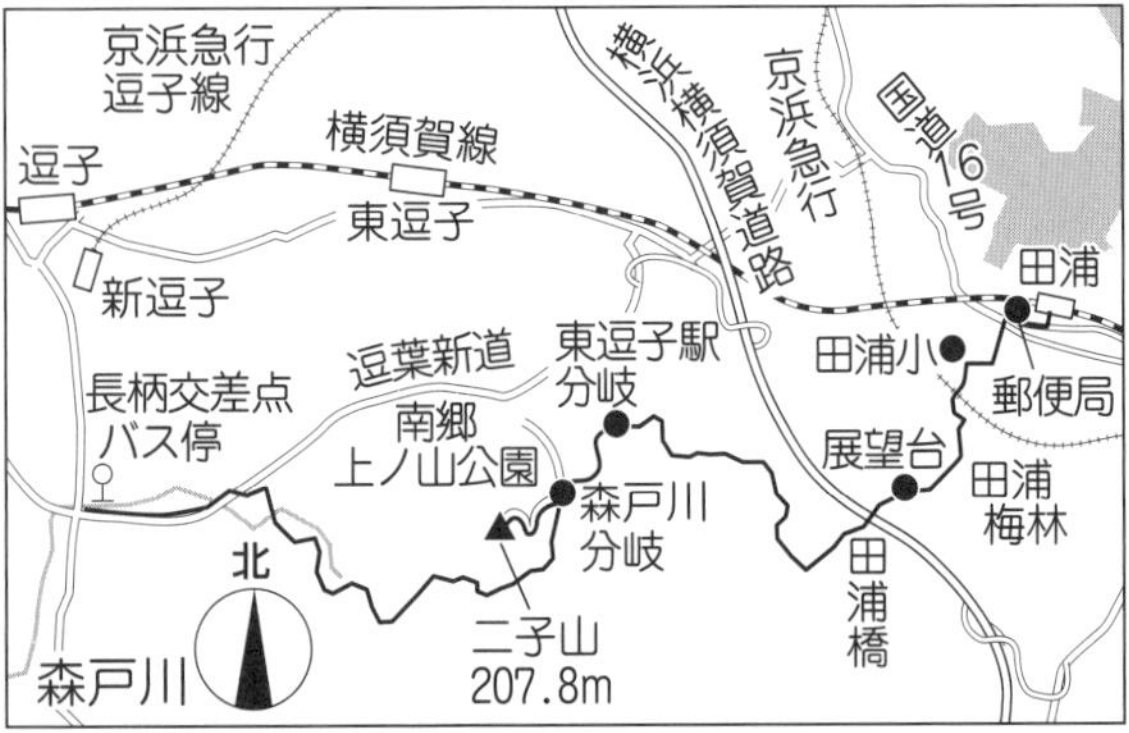

京浜急行
逗子線
横須賀線
逗子
東逗子
新逗子
横浜横須賀道路
京浜急行
国道16号
田浦
田浦小
郵便局
逗葉新道
東逗子駅
分岐
長柄交差点
バス停
南郷
上ノ山公園
森戸川
分岐
展望台
田浦
梅林
田浦橋
北
二子山
207.8m
森戸川

ハイキングコース HIKING-WAY
Mt. HATAKE 畠山 65分
Mt. ŌGUSU 大楠山 150分
Mt. SENGEN 仙元山 160分
Mt. HUTAGO 二子山 80分
HAYAMA 葉山 長柄 堀内 木古庭
NUMAMA 沼間
MINATOGAOKA 港が丘
TAURA-4St. 田浦4丁目

手作りの道標

行く。途中森戸川への分岐もあるが、直進すると、二子山へと続く広い砂利道と合流、回り込むように上ると山頂だ。KDDI㈱の中継局や、大鉄塔と展望台がある。周囲は樹林に囲まれて見通しはないが、展望台に上れば東京湾や三浦半島の山が見晴らせる。

山頂から森戸川分岐へ戻り右に折れる。細い流れが至る所からわき出て、森戸川の源流をなしている。滑りやすいので気をつけて流れに沿って下ると、いつしか一つの小さな川になっている。ほどなく林道になるが、この間は静かな渓流歩きを楽しめる。短い距離だが自然の残された源流の雰囲気を味わいながら歩こう。

川に沿ってさらに下ると、こがね橋で住宅地に入る。逗葉新道に合流し、歩道を進むと「長柄交差点」バス停に着く。京浜急行の新逗子駅かJRの逗子駅までのバスがある。

二子山山頂の展望台

⑥ 武山《たけやま》から三浦富士へ

信仰の場はツツジの名所

【徒歩】2時間30分

▼三浦半島へ。航海安全・武山不動の名で知られた武山は、ツツジの名所としても有名。毎年、初不動の日に本尊の不動明王が御開帳されます。武山から連なる三浦富士への山並みは、三浦半島で最も南に位置している山です。

▽【地図】国土地理院地形図（二万五千）浦賀

▽【コース】横須賀駅（バス30分）「一騎塚」バス停（40分）武山（20分）砲台山（30分）三浦富士（60分）津久井浜駅

JR横須賀線**横須賀駅**から長井、大楠芦名口か三崎口駅方面のバス（京浜急行の横須賀中央駅も経由する。）に乗り「一騎塚《いっきづか》」バス停で下車。車道をわずかに戻り、武山の案内板に従い脇道に入る。一騎塚を左に見て進み、左に二回折れると富士見小学校の前に出る。緩やかな坂を上り人家が途切れると急坂となる。途中に市水道局の配水池を右に見て進む。振り返り、後方に三浦半島最高峰の大楠山や小和田湾が大きく見えてくると、間もなく**武山**頂上だ。

龍塚山不動院持経寺（武山不動）

武山の不動さんで知られる持経寺は信仰の山だ。一月二十八日の初不動には多くの人が訪れ、にぎわいを見せる。頂上にはツツジが群生（二千本）し、四月から五月には満開の花が楽しめる。アゼリア（ツツジ）ハウスと名付けられた休憩所の屋上展望台からは、三六〇度の眺望が開け、特に南は三浦半島の先端までくっきりと見え、洋上には大島が望める。武山を後に東に向かうと分岐があり，左に折れるとわずかな上りで**砲台山**頂上となる。太平洋戦争で築かれた砲台の基礎と海上保安庁の受信設備があるが、低木に囲まれ展望はない。

三浦富士へはもと来た砲台山分岐に戻

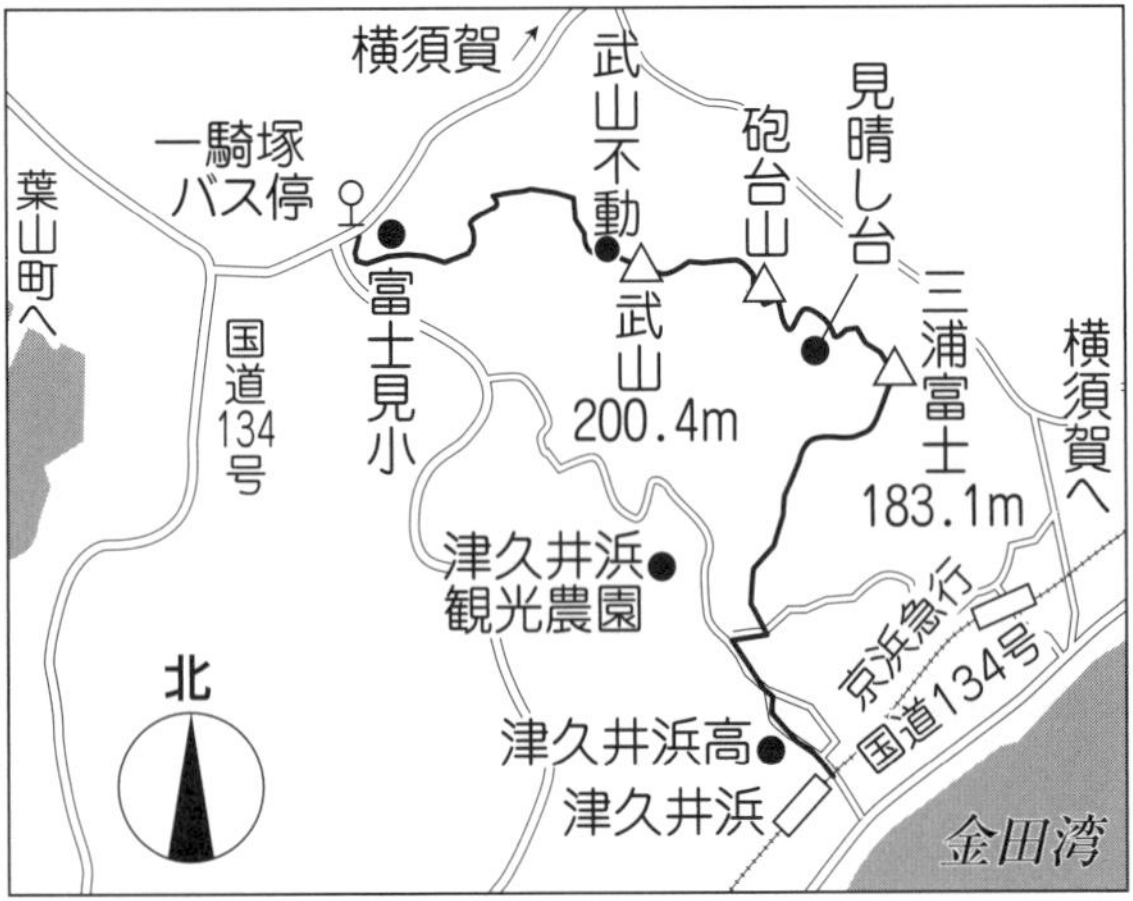

る。途中に金田湾が手に取るように見える見晴し台や、津久井浜観光農園へ直接下れる武山オレンジルートも整備されている。

さらに進むと常緑樹林を経て**三浦富士**の頂上に着く。浅間神社の奥宮の石碑や大願成就の石碑が数多く設置されており、名前の通り古くから富士信仰の盛んな事がうかがえる。眺めは樹林の間に開けており、三浦半島南部の海岸線が手に取るようだ。下山は低木の道を行く。警察犬訓練施設を右に下ると、ミカンや野菜畑が続く農道となる。道標に沿って津久井浜高校の前を過ぎれば、夏

見晴し台からの金田湾（左）

は海水浴客でにぎわう京浜急行の**津久井浜駅**だ。

【見どころ】 三浦富士の麓に四季を通じて果実狩りのできる**津久井浜観光農園**がある。イチゴ狩り（一～五月）、サツマイモ掘り（九～十月）、ミカン狩り（十～十一月）などが楽しめる。

（津久井浜観光農園☎046―849―4506）

⑦ 安針塚から大楠山へ

三浦半島の大パノラマを一望

【徒歩】3時間30分

▼東京湾から相模湾まで、三浦半島を横断するコース。三浦半島の最高峰「大楠《おおぐす》山《やま》」からは伊豆半島、富士山、箱根連山、大島、房総半島と大パノラマが楽しめます。

▽【地図】国土地理院地形図（二万五千）横須賀、浦賀、秋谷

▽【コース】安針塚駅（30分）塚山公園（安針塚）（40分）木古庭公園（10分）大楠登山口バス停（60分）大楠山（70分）前田橋バス停（バス28分）逗子駅

京浜急行安針塚駅からガードをくぐり、道標に沿って、安針塚のある「塚山公園」に向かう。民家が途切れると坂道となり、一汗かいたところに公園入り口となる。三浦按針《あんじん》夫妻の墓を中心とした公園で、展望台からは東京湾や房総半島が広がっている。南側には、これから向かう大楠山も三浦半島の山々の間に見渡せる。春には千本の桜が咲く花見の名所だ。「大楠山」へは、塚のある高台から南に下り、本町山中有料道路の塚山トンネルを右手に見て有料道路に沿って進む。横

桜の名所として名をはせる塚山公園

浜横須賀道路の横須賀インター前を通って、池上トンネル手前で右に曲がり、下山川に沿い畠山城址橋を渡る。本円寺の前を過ぎ、**木古庭公園**で左に曲がる。「木古庭陸橋」の信号付近でバス道と合流し、左に進むと京浜急行「**大楠登山口**」バス停だ。

県道を横断して案内に沿って阿部倉町内会館を過ぎ、横浜横須賀道路のガードをくぐると、阿部倉温泉から山道に出る。小さな沢に沿って進むと衣笠《きぬがさ》城址への分岐点。ゴルフ場のフェンスを右沿いに進み、斜面をひと登りすると**大楠山**頂上だ。三浦半島の最高峰にふさわしく、三六〇度のパノラマが広がる。広場にある展望

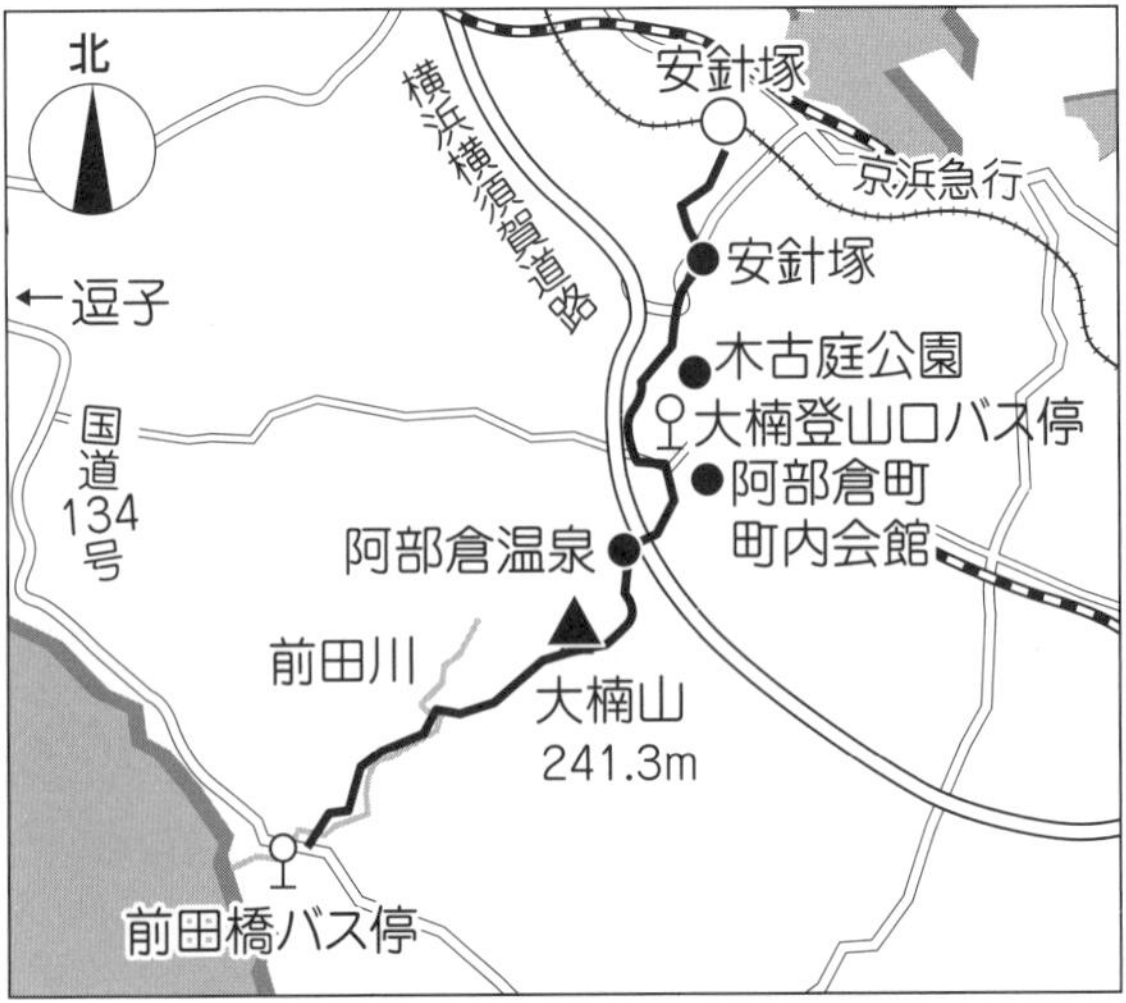
北
安針塚
京浜急行
横浜横須賀道路
安針塚
←逗子
木古庭公園
大楠登山口バス停
国道134号
阿部倉町
町内会館
阿部倉温泉
前田川
大楠山
241.3m
前田橋バス停

前田川遊歩道

台からは、房総や三浦の山々、丹沢、富士、箱根、伊豆などの山々が望まれ、その景観は「かながわの景勝五〇選」の一つに選定されている。帰路は頂上の西に広がる大楠平（3万本の、春は菜の花、秋はコスモスが咲く）を通って、関東ふれあいの道ともなっている**「前田橋」バス停**への道を下山する。山道を下りきると車道歩きとなるが、前田川沿いには「前田川遊歩道（約一・四キロ）」が整備されており、楽しく歩ける。正行院を過ぎると、**「前田橋」バス停**は近い。十分間隔で出ているバスで横須賀または逗子へ出る。

【見どころ】「秋谷《あきや》の立石《たていし》」は前田橋から国道134号線を逗子方面に約一キロ。秋谷海岸の海中に突き出た凝灰《ぎょうかい》岩の巨岩（高さ一二メートル、周囲三〇メートル）で、ここからは富士を中心に遠く丹沢から伊豆も見渡せる。こちらも「かながわの景勝五〇選」の一つだ。

秋谷の立石

三浦按針　イギリス人で、本名をウイリアム・アダムスという。水先案内人として太平洋を航行中、大風で九州に流れ着いたが、徳川家康の信任を得て外交顧問となり、横須賀市逸見に領地を与えられ西洋の文明を伝えた。

⑧ 剱崎から宮川湾へ

白亜の灯台と美しい入り江

【徒歩】3時間

今回歩くコースは、関東ふれあいの道（首都圏自然歩道）『三浦・岩礁のみち』と重なり、磯遊びや釣りも楽しめます。高波や荒天時は危険なため歩けません。

▽【地形図】国土地理院地形図（二万五千）三浦三崎

▽【コース】三浦海岸駅（バス20分）剱《つるぎ》崎《ざき》バス停（20分）剱崎灯台（40分）松輪（40分）白浜毘沙門《びしゃもん》天（40分）盗人狩《ぬすっとがり》（30分）宮川湾（10分）宮川町バス停（バス12分）三崎東岡《ひがしおか》・乗り換え（バス13分）三崎口駅

京浜急行三浦海岸駅から剱崎行きバスに乗り、終点で下車。県道を左に折れ、畑の中を進み白亜の灯台を目指す。**剱崎灯台**の歴史は古く、一八七一（明治四）年から船の安全を見守っている。東京湾を隔て、遠く房総の山も望める。

海岸に下り、海岸線を江奈湾へ。岩礁と入り江が交互に現れる風景は、「かながわの景勝五〇選」にふさわしい景観だ。江奈湾で**松輪**からの県道と合流し、干潟を見ながら進む。干潟では四季を通じて、さまざまな生物や水鳥を観察できるほ

盗人狩付近

か、塩沼《えんしょう》植物（シオクグ、ウシノシッペイほか）も生育している。

毘沙門バイパスのトンネル手前で右手の緩やかな坂を上ると、分岐には古びた石碑がある毘沙門天入口。一本道を進むと毘沙門堂だ。ここに祭られている**白浜毘沙門天**は三浦七福神の一つで、知恵と勇武の守りとして知られる。

わずかに下って海岸線へ。浜では春は薄紫のハマダイコン、夏はハマヒルガオなどが咲き、疲れを癒やしてくれる。

浅間山付近の海岸線からは、後に剱崎灯台、前方には城ヶ島が見える。このあたりの岩礁は、強い風と太平洋の波による浸食が地形を形作り、変化に富んだ海

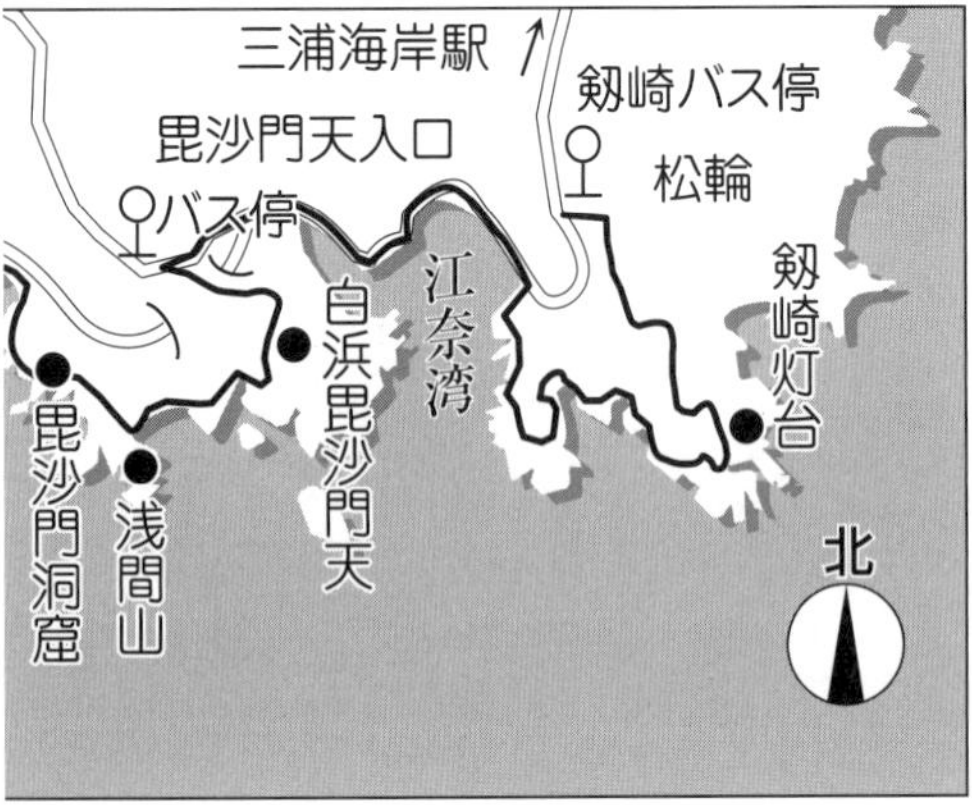

岸風景を見せてくれる。毘沙門湾を過ぎると、「かながわの景勝五〇選」の盗人狩に着く。地名の由来となった盗賊もたじろいだといわれるほどの絶壁は、今は橋が架かり容易に通過できる。

　観音山を過ぎると漁港のある宮川湾に着く。港から振り返ると頭上には毘沙門バイパスの橋とともに大きな風車が二基設置され、独特の風情を醸し出している。自然エネルギーの活用が叫ばれているが、風力発電施設は首都圏ではここが最初とのこと。自然に優しい施設の増える事を期待したい。

　関東ふれあいの道に沿って四百《メートル》で「宮川町」バス停に向かう。帰途は京急

バスで「三崎東岡」行きに乗り、三崎東岡で乗り換えて京浜急行「三崎口駅」に向かう。

【見どころ】 三崎東岡から、「油壺（バス10分）」行きバスに乗り換えて終点へ。

油壺ハイキングコース（油壺～田辺大愚句碑～新井浜～胴網《どうあみ》海岸～三浦道寸の墓～横堀海岸～油壺、全長二㌔、二時間）があり、波静かで穏やかな油壺を味わえる。このコースには荒井浜、洞網、横堀と良好な海水浴場が三カ所ある。

⑨ 荒崎から和田長浜へ

半島一美しい海岸線を行く

【徒歩】２時間

▼三浦半島一の海岸線を紹介します。美しい砂浜、荒波による自然の造形を楽しんでください。高波や荒天時は危険なため歩けません。

▽【地図】国土地理院地形図（二万五千）秋谷、浦賀

▽【コース】三崎口駅（バス23分）荒崎バス停（10分）城山（25分）箕輪（15分）お仙が鼻（15分）佃嵐崎《つくだらしざき》（20分）和田長浜《なはま》（35分）矢作《やはぎ》入口バス停（バス４分）三崎口駅

京浜急行三崎口駅から荒崎行きバスに乗り、海岸沿いの道を縫うように進むと終点だ。バス停前の荒崎シーサイドコースの案内板を確認して、横須賀市荒崎公園に向かう。公園内には二つの丘があり、夕日の丘展望台からは小和田湾を挟んでレーダードームのある大楠山や、相模湾を隔てて箱根、伊豆、大島まで見える。潮風の丘には、**城山展望台**もあり、測量用の二等三角点もあり、眺望は良好で「かながわの景勝五〇選」もうなずける。城山から戻る途中、右手の狭い入り江が「ど

荒崎海岸遊歩道。荒々しい海岸美を見せる

んどんびき」。波が入り江に打ち寄せた後、どんどん引いていくことからこの名がついたという。

荒崎公園に戻り海の浸食でできた十文字洞（通行できない）を左に見て、海岸線を進む。コンクリートの桟橋や遊歩道の部分もあり、間近からの海岸風景は見応え十分だ。特に弁天島と松の景色は見飽きない。がけ下の海岸を岩に沿って歩くので、足元やしぶきには十分注意したい。

箕輪の砂浜から先の**「お仙が鼻」**の台地へは、コンクリートの階段を上る。振り返ると海を隔てて出発地の荒崎方面を眺めることができる。わずかに下ると栗

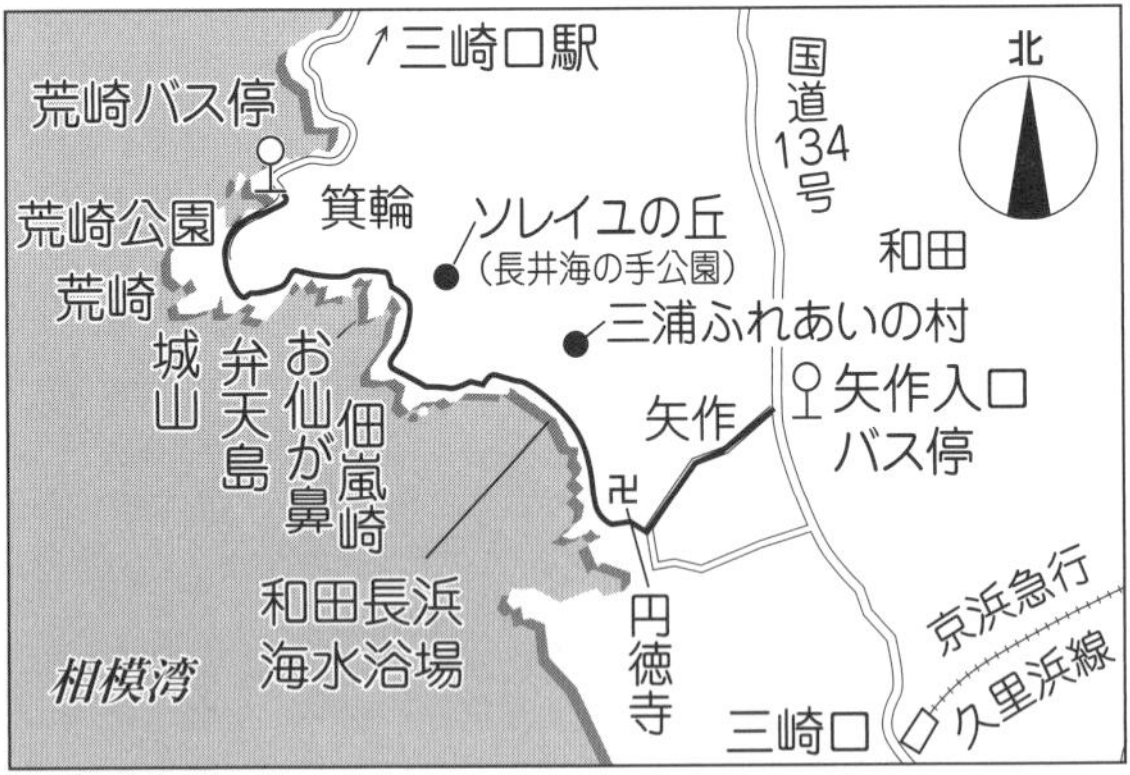
三崎口駅
荒崎バス停
荒崎公園
荒崎
箕輪
ソレイユの丘
(長井海の手公園)
三浦ふれあいの村
国道134号
北
和田
城山
弁天島
お仙が鼻
佃嵐崎
矢作
矢作入口バス停
和田長浜海水浴場
円徳寺
相模湾
京浜急行久里浜線
三崎口

和田長浜海水浴場

谷浜で、漁船が係留されている。その先に岩肌からわき水が出る「水ヶ尻」。岬を回り込むように進むと**佃嵐崎**だ。この付近から砂浜となり、横穴古墳群のある海岸を過ぎると**和田長浜**だ。横須賀市と三浦市の境にあり、夏は海水浴場でにぎわう。

三浦ふれあいの村を通り、円徳寺（日蓮宗）の妙法経窟《みょうほうきょうくつ》に着く。鳥居の奥に小さな洞くつがあり、中には古い墓が並んでいる。左に折れてここから円徳寺を経由して**「矢作入口」**バス停に着く。

【見どころ】このコースは関東ふれあいの道**「荒崎・潮さいの道」**の一部。残りは、荒崎バス停からバス道を戻り長井漁港〜富浦公園〜長井入口〜少年工科学校前バス停（三・六キロ徒歩約一時間）。長井漁港には、魚の直売所もある。

⑩ 城ヶ島

波の造形楽しむ海岸線めぐり

【徒歩】1時間40分

▼三浦半島最南端の島「城ヶ島」へ。馬ノ瀬の洞門は、自然がつくった海触洞穴で見応えがあります。

▽【地形図】国土地理院地形図（二万五千）三浦三崎

▽【コース】三崎口駅（バス28分）白秋碑前バス停（5分）白秋碑（15分）城ヶ島公園駐車場（20分）水っ垂れ（10分）安房崎灯台（15分）城ヶ島公園入口（5分）ウミウ展望台（5分）馬ノ背の洞門（20分）城ヶ島灯台（5分）城ヶ島バス停（バス28分）三崎口駅

出発は京浜急行三崎口駅。駅前から城ヶ島行きのバスに乗り、**「白秋碑前」**で下車。城ヶ島大橋先の海岸には、詩人北原白秋の「城ヶ島の雨」の詩碑と白秋記念館があるので見学もお勧め。

バス停から、無料駐車場奥のトンネルを抜け、**城ヶ島公園**へ進む。公園駐車場を通り抜け東に向かう。ピクニック広場先から安房崎の海岸に出ると、新鮮な潮の香りが飛び込んでくる。ここから左に折れて海岸線に沿って進むと、岩肌からわき水が出ている**「水っ垂れ」**だ。足場が悪いので細心の注意が必要。この先は橋の破損や落石の危険があるので通行できない。元に戻り波に浸食された海岸を進むと、島の東端にシンプルな姿の「**安房崎灯台**」が現れ、目前には太平洋が広がる。北に目を転じると、剱崎から三浦の海岸線が、遠くには房総半島の山々も見渡せる。

　遊歩道から台地へ上ると、県立**城ヶ島公園**だ。一四・六㌶もあり、島のほぼ東半分を占める。展望休憩所、展望台、うみねの広場やピクニック広場が整備されている。

　展望台からは三六〇度の眺望が開け、海を隔てて房総・伊豆半島や大島までが

白秋碑と城ヶ島大橋

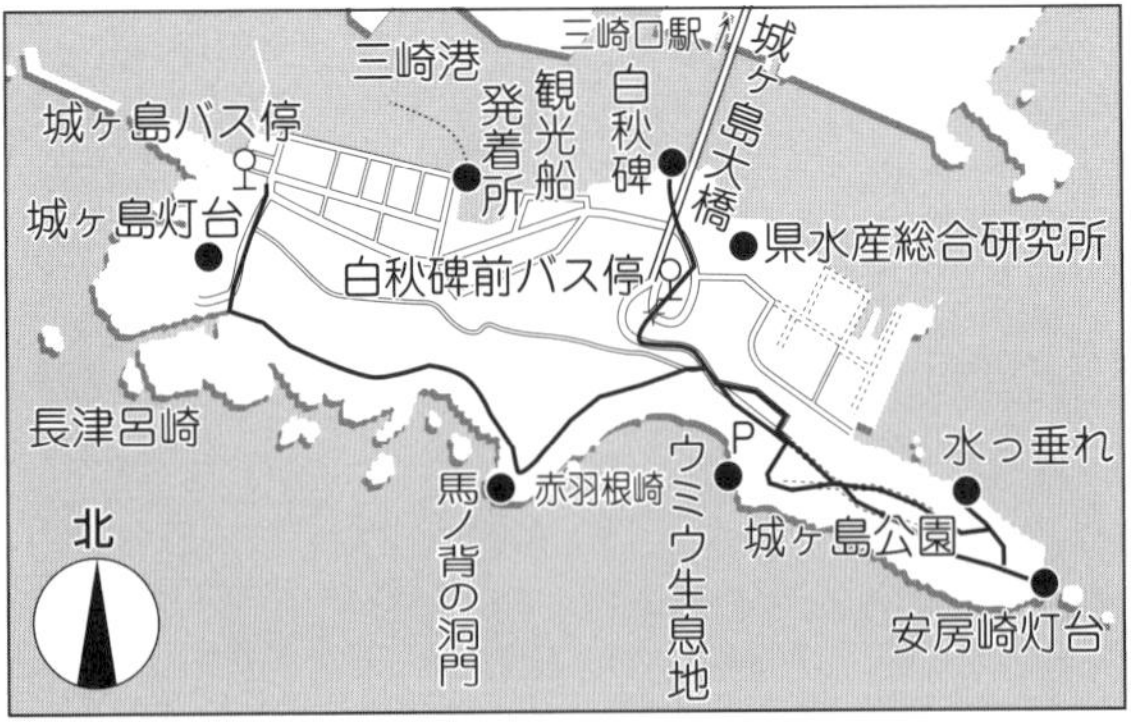

赤羽根崎の馬ノ背の洞門（中央）

望める。公園内はスイセンが多く植えられ、一月から二月には可憐な姿と、さわやかな甘い春のよい香りで訪れる人を魅了する。中心部にある草原は植物保護地区に指定され、立入禁止。公園内を道標に沿い赤羽根海岸方面に進むと、展望台があり、左手のがけにウミウの生息地がある。冬には約二千羽が越冬のため飛来する。ここから見ると、島は一面緑に覆われ、自然が豊かなことがうかがえる。展望台から赤羽根崎の海岸に降りると、波が醸し出した自然の造形美で人目をひく**馬ノ背の洞門**がある。

ここから先は**城ヶ島灯台**を目印に海岸線を進む。灯台は一八七〇（明治三）年初点灯という歴史をもち、土産物店の並ぶ裏手の整備された階段を上った高台にある。遊歩道に戻り、左に折れると「**城ヶ島**」**バス停**だ。

【見どころ】 時間があれば、城ヶ島と三崎を結ぶ渡船「白秋」を利用して（大人二百円、子供百円）、三崎の「三崎フィッシャリーナ・ウォーフ（愛称うらり（海（う）を楽（ら）しむ里（り）））」へ。ここにはマグロや地場産品を販売する三浦半島最大級の直産センターや、多目的イベントスペースの「うみぎょうプレイス」などがあり、利用できる。

㈱三浦海業公社☎046―881―6721）

⑪

神武寺から鷹取山へ

360度の展望と「磨崖仏」

▼標高はさほどでもありませんが、切り立った岩峰の上に位置し、三六〇度の展望が楽しめる鷹取山へ。周囲に美しい自然林が残る神武寺（天台宗）から巡ってみましょう。

▽【地図】国土地理院地形図（二万五千）鎌倉、横須賀

▽【コース】神武寺駅（35分）神武寺（30分）鷹取山（10分）磨崖仏《まがいぶつ》（40分）南郷公園（5分）京急田浦駅

【徒歩】2時間

神武寺からのコースは池子参道と呼ばれ、京浜急行**神武寺駅**から駅前の県道を左に向かい東へ約十分、「鷹取山登山口」バス停で右に折れる。桜並木の逗子中学校に沿って進むと、老人ホーム「せせらぎ」に着く。ここからは山道が始まる。

沢筋に沿って小さな谷戸を上ると、**神武寺**総門でJR東逗子駅からの表参道と合流する。周囲は「かながわの美林五〇選」ともなっている「神武寺の森」だ。総門から眼下に客殿を見て、鐘つき堂を経て山門をくぐると本堂となる。山道は

この左側より石畳の急坂を上る。上り詰めると石碑があり、尾根に沿って進む。間もなく展望台のある親不知《おやしらず》の頂上に着く。

神武寺本堂

鷹取の名称は、太田道灌《どうかん》が鷹狩りをした、あるいは鷹が多くいて鷹を捕ったなどいろいろ言い伝えがあるが、**鷹取山**は親不知と前方に見える後浅間、前浅間などの総称だ。標高一三〇メートルという低山にもかかわらず、展望は四方に開けており、三浦半島や東京湾を隔てた房総の山々、富士山を中心とした丹沢・箱根の山々が眺望できる。

しばし展望を楽しんだ後、尾根筋から十分ほどの磨崖仏を見ていこう。

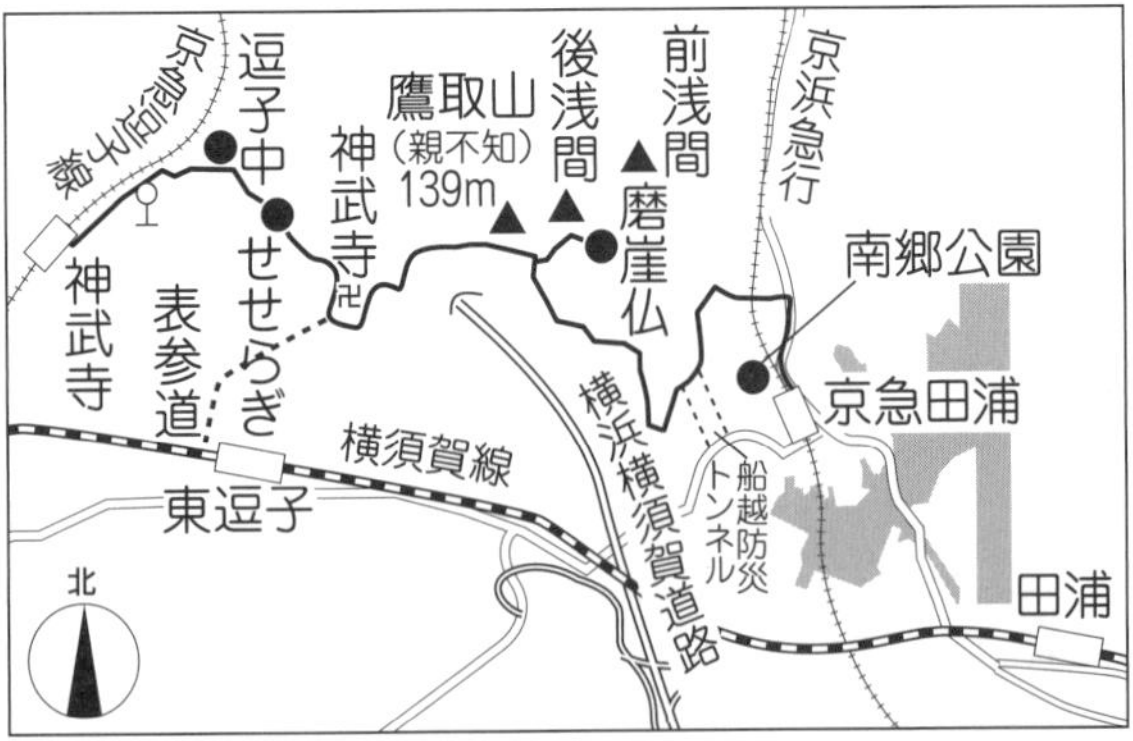
京急逗子線
逗子中
神武寺
せせらぎ
神武寺
表参道
鷹取山
（親不知）
139m
後浅間
前浅間
磨崖仏
京浜急行
南郷公園
京急田浦
横須賀線
東逗子
横浜横須賀道路
船越防災トンネル
田浦
北

磨崖仏〝弥勒菩薩〟

岩峰の間を進み、整備されたコンクリートの階段を上り下りする。正面の前浅間岩肌に巨大な「**磨崖仏**」が現れる。この弥勒菩薩《みろくぼさつ》像は横須賀市在住の藤島茂氏が一九六五（昭和四十）年ごろに制作したもの。下りはもと来た道を戻り、親不知と後浅間の間から尾根に沿って**京急田浦駅**に向かう。途中は枝道が何個所もあるが、道標に沿って進む。

人家の間を通過して車道を下り、船越防災トンネルを右に見て進むと京浜急行のガードとなる。駅へはこの先のガードをくぐり、国道を南へ約五分で到着だ。

【見どころ】 神武寺周辺の自然林はシダ植物の宝庫。薬師堂前の樹齢四百年を越えた「**なんじゃもんじゃの木**」（ホルトノキ）、「**イワタバコ、イワトラノオ**」などが生育している。中でも神武寺客殿への通路の岩場には一面にイワタバコの群落があり、初夏には花が咲く。いずれも逗子市指定天然記念物だ。

⑫
仙元山
山頂から湘南の海と富士を一望

【徒歩】１時間30分

仙元山は葉山町中央部に位置し、相模湾の展望台として人気。手近な山ですが、二百七段の階段もあります。

▽【地図】国土地理院地形図（二万五千）鎌倉

▽【コース】逗子駅（バス６分）風早橋バス停（30分）仙元山（20分）一八九メー《メートル》峰（20分）実教寺（20分）葉山小学校バス停（10分）逗子駅

ＪＲ横須賀線逗子駅前から「１、２系統」のバスで「風早橋」バス停で下車。バス停から進行方向に進み、一つ目の信号を森戸海岸方面の右へ折れる。「木の下」の信号脇に、案内板があるのでコースを確認しよう。コンクリート道の急坂が葉山教会まで続き、教会左手の道が仙元山へのコースとなる。スダジイやタブノキの照葉樹林をしばらくたどり、桜の点在するカヤトのジグザグの道を上ると**仙元山**に着く。

山頂には、ベンチやトイレのほか、富

仙元山山頂から江ノ島・富士を望む

士講が一八二六（文政九）年に建立した「不二仙元大菩薩」の石碑や、戦没者を祭る招魂碑もある。

　葉山の町並みと森戸海岸の景色を眼下に臨み、その先に江ノ島や相模湾が広がる。天気に恵まれれば富士箱根、伊豆の山々が見渡せる。この先**一八九メートル峰**までは、植林地や雑木林の上り下りとなる。一八九メートル峰直下には、二百七段の鎖の付いた階段もあるので慎重に。山頂に着いたら、一息入れよう。

　一八九メートル峰の先で道は二手に分かれるが、右のクリーンセンターを見送り道標に沿って葉山小学校バス停に向かう。途中、三浦アルプスに連なる畠山への分岐

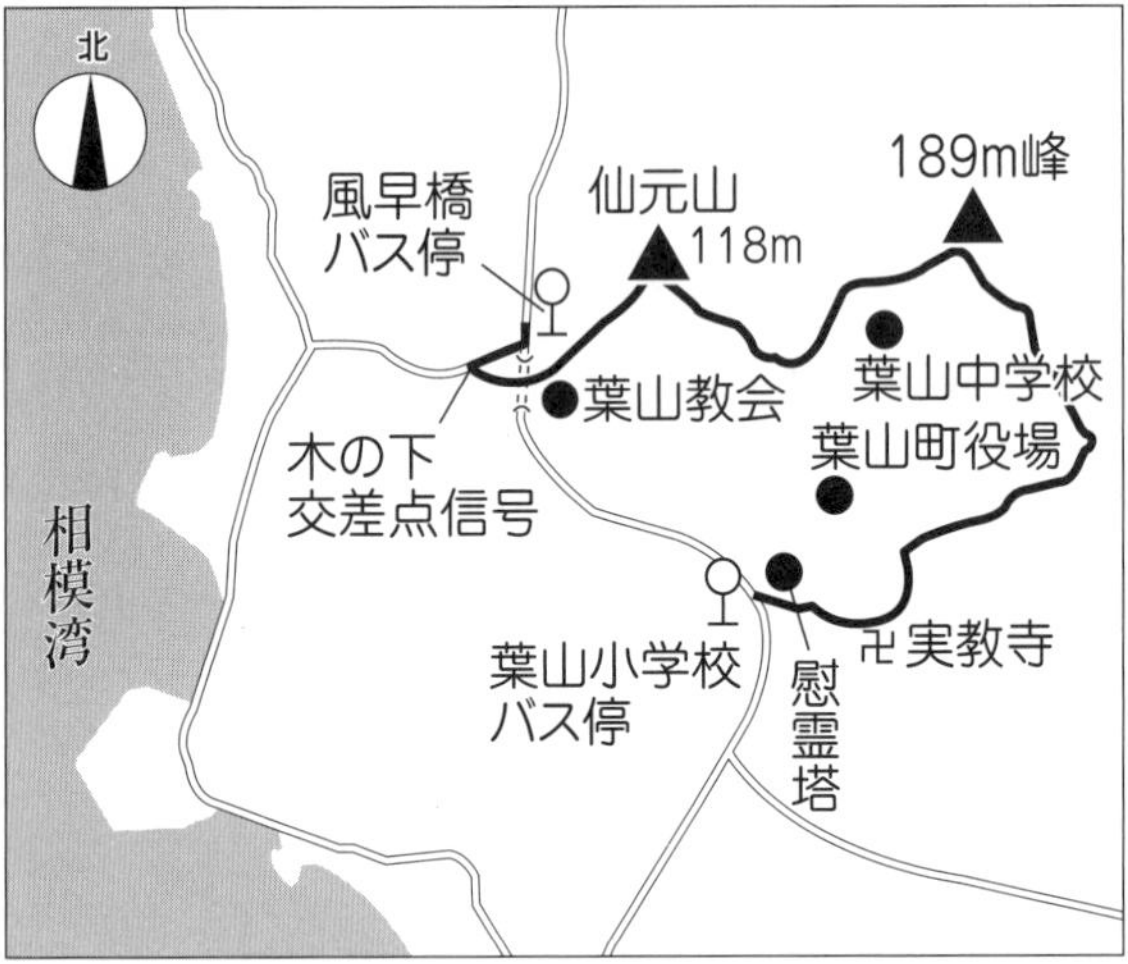
北
189m峰
仙元山
118m
風早橋
バス停
葉山中学校
葉山教会
葉山町役場
木の下
交差点信号
相模湾
実教寺
葉山小学校
バス停
慰霊塔

を左に見つつ、なおも尾根道を進むと左手が開け、間もなく**実教寺**（日蓮宗）墓地横に着く。寺入口・右手で慈母観音と六地蔵菩薩像が迎えてくれる。左手には、山号にちなんだ日蓮聖人一代記一節の「鎌倉さしてのぼりたるこしかけ山にて休息なされし・南無妙法蓮華経」の石碑がある。

　この先は、右手に戦没者の慰霊塔がある花の木公園を見て

「葉山町役場入口」の信号を渡ると、**「葉山小学校入口」**バス停に着く。ここからバスに乗り**逗子駅**に戻る。

189m峰直下の207段の階段

鎌倉

⑬

散在ガ池から建長寺へ

古都の自然と歴史散策

【徒歩】２時間

▼古都鎌倉へ。通称鎌倉湖とも呼ばれる「散在《さんざ》ガ池」は、市街地とは丘陵で隔たれ、静かな趣です。池から建長寺を経て、鎌倉の玄関・鶴岡八幡宮へと歩きます。

▽【地図】国土地理院地形図（二万五千）戸塚、鎌倉

▽【コース】大船駅（バス15分）今泉不動バス停（10分）今泉不動（10分）散在ガ池（40分）勝上《しょうじょう》けん（5分）半僧坊（20分）建長寺（20分）鶴岡八幡宮（15分）鎌倉駅

JR東海道線**大船駅東口**ルミネウイングから江ノ電バスで鎌倉湖畔行きに乗り「今泉不動」へ。まず今泉不動称名寺（浄土宗）を目指す。称名寺は市の清掃工場を抜けた先にあり、本堂の奥の階段を上ると不動堂が姿を現す。右手の階段に沿って三十六童子、石造りの大日如来像がある。

次は**散在ガ池**へ。「**今泉不動**」バス停手前で南へ。不動橋を渡って坂を上ると、右手に「**散在ガ池森林公園**」の北側入口があり、ここから数分で池に着く。明治

参拝人が絶えない半僧坊

初めにかんがい用ため池として造られたというが、今は都市部に残された貴重なオアシスだ。周囲には「馬の背」「せせらぎ」「パノラマ」「のんびり」と名付けられた四本の自然散策路がある。

二八㌶の公園は、池を中心に自然を生かした造りだ。馬の背の小径を進むと公園南側出口から今泉台の住宅地。道標に従い緑道を抜けると、今泉台六丁目公園を経由して尾根道に合流。右に折れて明月院方面に向かうと「鎌倉十王岩（かながわの景勝五〇選）」を経て**「勝上けん」**に着く。展望台もあり、鎌倉市街や相模湾が一望できる。下りは急な階段なので注意。付近はツツジ、桜が多く、時季に

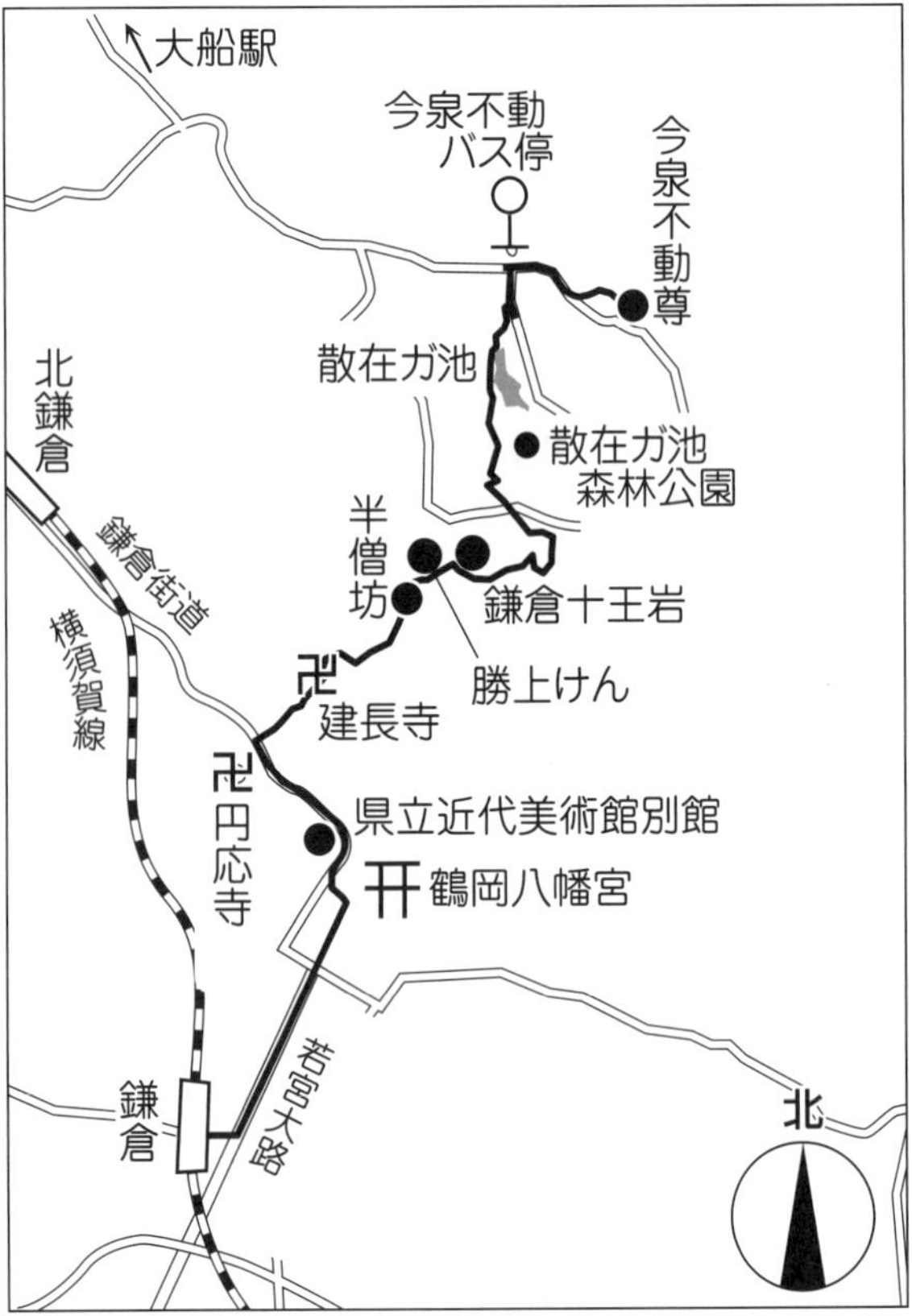
大船駅
今泉不動
バス停
今泉不動尊
散在ガ池
散在ガ池
森林公園
北鎌倉
鎌倉街道
横須賀線
半僧坊
鎌倉十王岩
勝上けん
建長寺
円応寺
県立近代美術館別館
鶴岡八幡宮
若宮大路
鎌倉
北

は花や紅葉が楽しめる。下ったところが建長寺の半僧坊で、入観料を払い両側に天狗《てんぐ》像が並ぶ参道を下る。

建長寺は北条時頼が一二五三（建長五）年に建立、鎌倉五山第一位の名刹《めいさつ》で、境内には多数の伽藍《がらん》がある。方丈（庭園）、法堂、仏殿、三門、総門と続き、総門の先の県道（鎌倉街道）を左に折れると、右に円応寺《えんのうじ》（臨済宗）。さらに洞門の先右側には県立近代美術館の別館がある。

巨福呂切り通しを越えて、**鶴岡八幡宮**の西側入り口から丸山稲荷へ通じる。正面が八幡宮の社殿。八幡宮は、一一八〇（治承四）年源頼朝が建立。〝武家社会の守護〟として保護され、鎌倉の街づくりの中心であった。境内には国宝館、近代美術館もある。帰途は、三の鳥居から若宮大路の段葛《だんかずら》を通って**鎌倉駅**に着く。

⑭ 祇園山から名越切通へ

丘陵歩きと多彩な寺社めぐり

【徒歩】2時間

▼鎌倉市のハイキングコースにもなっている祇園山の丘陵を行き、寺社などを見学して名越切通まで歩きます。

▽【地図】国土地理院地形図（一万）鎌倉、逗子

▽【コース】鎌倉駅（15分）宝戒寺（10分）東勝寺跡（25分）祇園山（5分）八雲神社（5分）安養院（5分）安国論寺（5分）妙法寺（10分）日蓮乞水（20分）名越切通（20分）緑ケ丘入口バス停（バス8分）鎌倉駅

JR横須賀線**鎌倉駅**から若宮大路を鶴岡八幡宮に向かい、三の鳥居前で右に折れ車道を直進。正面の**宝戒寺**（天台宗）は、一三三五（建武二）年後醍醐天皇の命で北条一族供養のため、執権の屋敷跡に建立された。境内に萩《はぎ》が多く「萩寺」としても知られる。

宝戒寺から南西方向に進み、「祇園山ハイキングコース入口」の道標で左へ。東勝寺橋を渡ると、**東勝寺跡**（国指定史跡）。ここは一三三三（元弘三）年、新田義貞の鎌倉攻めで北条の一族郎党が立

鎌倉五名水の一つ、日蓮乞水

てこもり、火をつけ最後を迎えた悲劇の地で、「北条高時腹切りやぐら」がある。この先左が**祇園山**へのコース。雑木林の山道を進むと妙本寺（日蓮宗）の裏山に出る。日蓮宗で最初に建立された寺とされ、境内に「日蓮聖人の鎌倉開教聖地」の碑もある。さらに進むと目指す祇園山展望台で、西側の鎌倉市街・相模湾や伊豆・箱根方面が望める。

頂上から今来た道をわずかに戻ると、鎌倉最古の「厄除開運」の社とされる**八雲神社**。ここを出て左へ、県道を左に進むと**安養院**（浄土宗）。ツツジの名所でもあり、寺の名は北条政子の法名からつけられたという。県道を進むと、道が二

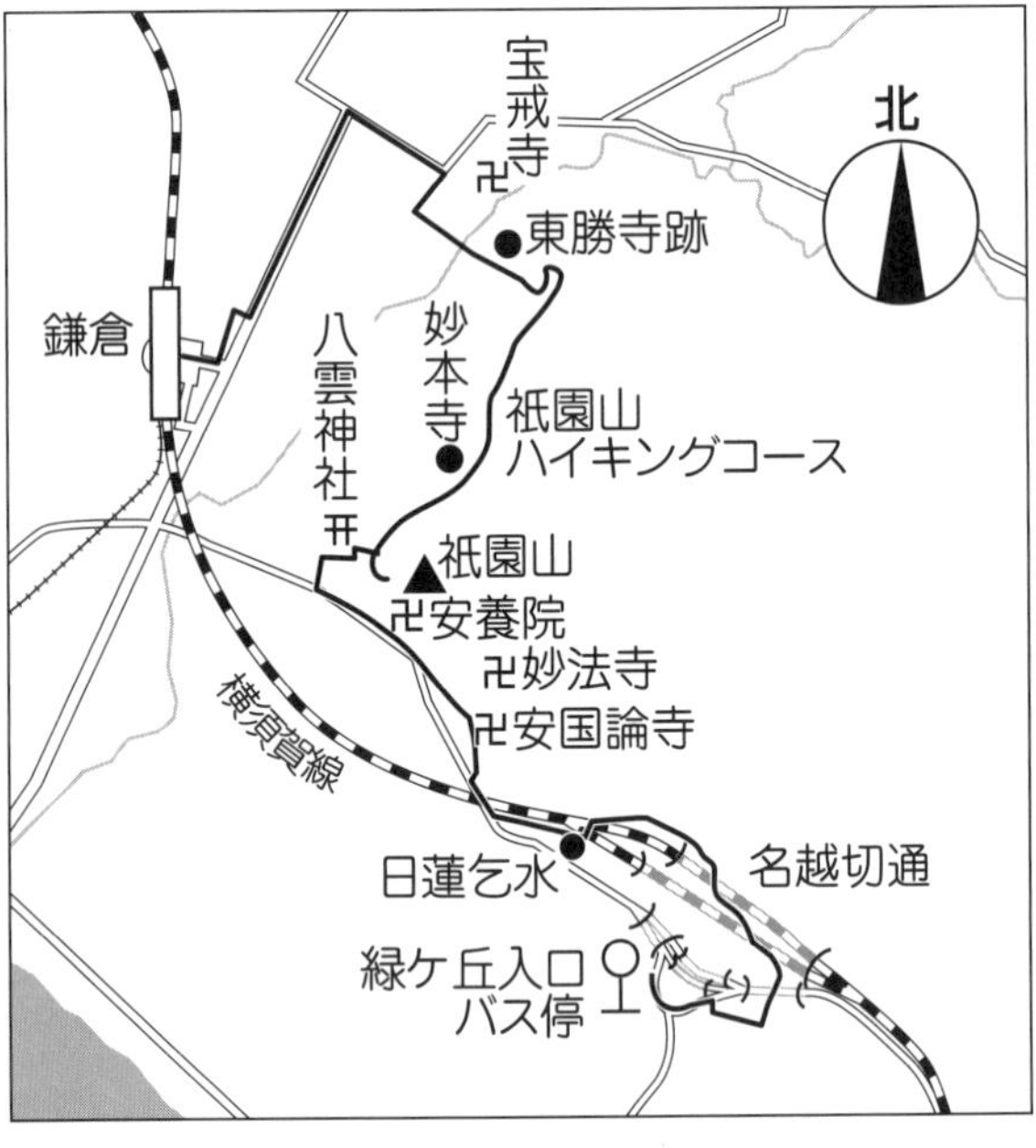
宝戒寺
北
東勝寺跡
鎌倉
妙本寺
八雲神社
祇園山
ハイキングコース
祇園山
安養院
妙法寺
安国論寺
横須賀線
日蓮乞水
名越切通
緑ケ丘入口
バス停

股になり、左に入ると安国論寺（日蓮宗）、手前左には妙法寺（日蓮宗）がある。安国論寺は日蓮聖人が「立正安国論」を書いた寺。妙法寺は境内の美しい苔《こけ》の石段が有名で「苔寺」とも呼ばれている。

再び県道に合流して、横須賀線の名越踏切を渡り、すぐに左の線路沿いに進むと「日蓮乞水《こいみず》」。鎌倉五名水の一つで、のどの渇いた日蓮が、杖《つえ》を突いたら水が急にわき出たのが由来という。名越坂踏切で再び横須賀線を渡り、すぐに右へ。線路に沿って上ると細い階段道となり名越切通（国指定史跡）に着く。ここは鎌倉七切通の一つ。三浦方面から鎌倉への最も重要な道で、軍事要塞《ようさい》であった。直進して両岸が切り立った所が切り通しで、鎌倉七切通の中でもここが一番敵の侵入を防ぐ形で、しかも当時の姿を残しているとの説明書きもある。

県営水道名越配水池を見て、小坪一丁目住宅地に出る。南に延びる住宅地の道路の二本目の十字路を右に入る。正面の亀が岡自治会館と東京ガス調圧室の間の階段を下り、舗装道を左に曲がって分岐（小坪方面）を直進すると「緑ヶ丘入口」バス停（鎌倉駅行き）に着く。

⑮ 大仏から源氏山へ

桜の名所と古都の歴史を探訪

【徒歩】2時間

▼「露座の大仏」で有名な長谷から源氏山への尾根道歩き。道標に従って、初心者でも安心のコースです。

▽【地図】国土地理院地形図（一万）鎌倉

▽【コース】長谷駅（15分）長谷寺（10分）高徳院（5分）大仏隧道入口（30分）佐助稲荷分岐（15分）日野俊基の墓（5分）葛原岡神社（10分）源頼朝像（10分）源氏山（10分）寿福寺（10分）鎌倉駅

スタートは江ノ電**長谷駅**（JR横須賀線鎌倉駅から乗り換えて三つ目）。まず長谷観音で有名な**長谷寺**（浄土宗）へと向かう。土産物屋の並ぶ通りを北に進み、長谷観音前の信号で左に折れると、すぐに到着だ。本尊の十一面観音は高さ九メートルの立像。宝物館にある鐘は鎌倉時代のものとされ、国指定の重要文化財。本堂前からは海岸線が間近に見え、市街も一望できる。信号に戻り左へ進むと大仏のある**高徳院**（浄土宗）。奈良の大仏は屋根で覆われているが、ここ鎌倉の大仏（阿

鎌倉大仏（高徳院）

弥陀仏、国宝）は大空の下、広い境内の中央におわす。源頼朝の侍女・稲多野局が建立を発起し、僧浄光が信仰心のあつい庶民から少しずつ資金を集めて造られた。当初は大仏殿もあったが、津波で流出して以来、露座になったという。高さは約一一メートル、重さは一二一トンで、胎内の見学も可能だ。

参拝後は高徳院入り口から右へ、**大仏隧道入口**手前を右に上り、小高い台地に出る。この先は源氏山へのハイキングコースとなっている。道標に従い右に向かう。広葉樹林の快適な尾根道だ。**佐助稲荷**からの道と合流後、樹林を抜け佐助の住宅地を抜けて、源氏山公園の入口。ここで

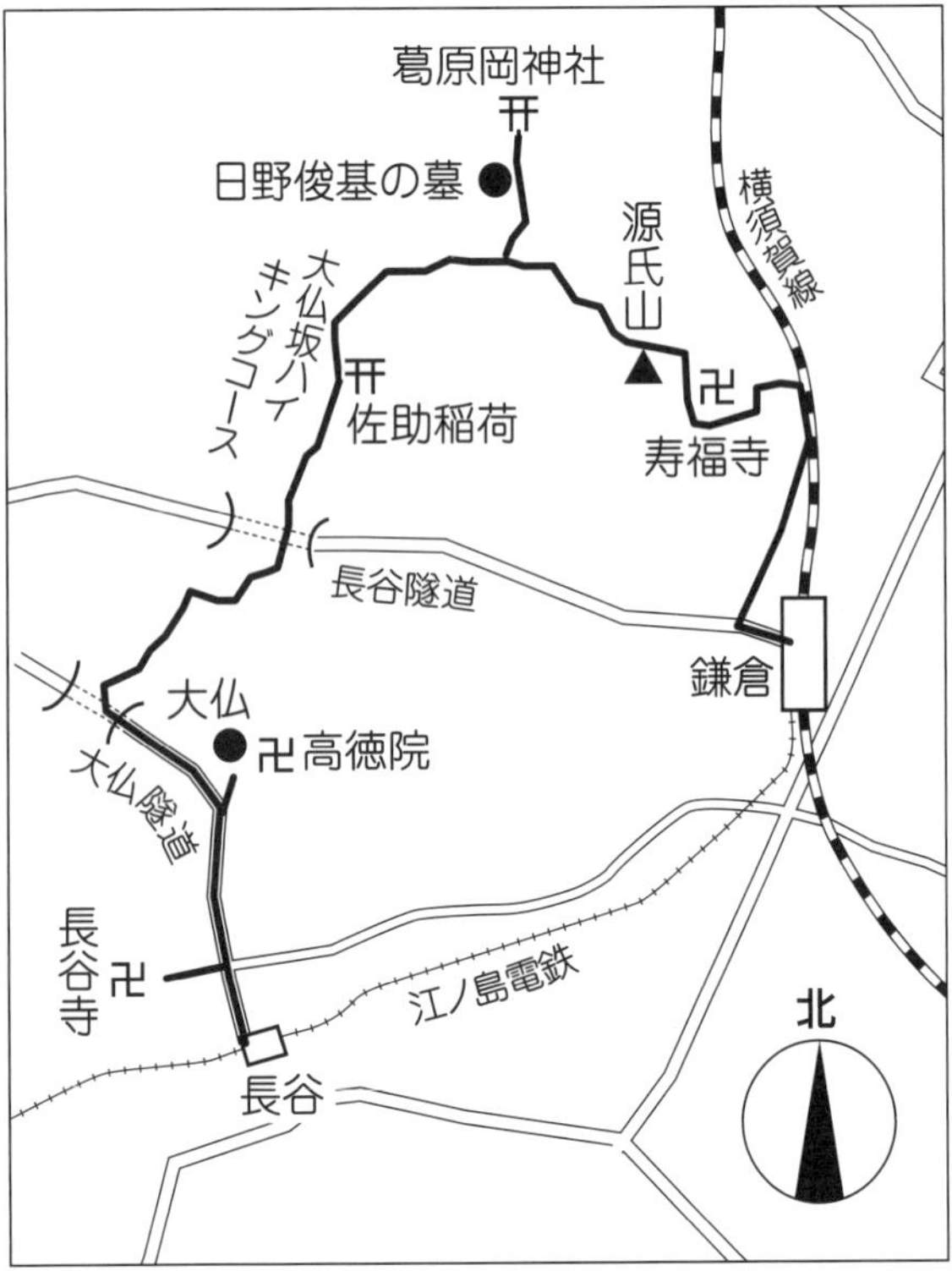
葛原岡神社
日野俊基の墓
源氏山
横須賀線
大仏坂ハイキングコース
佐助稲荷
寿福寺
長谷隧道
鎌倉
大仏
高徳院
大仏隧道
長谷寺
江ノ島電鉄
北
長谷

左に折れた先に**日野俊基の墓**（国の史跡）と**葛原岡神社**がある。祭神の日野俊基は、鎌倉幕府の荒廃を憂い、後醍醐天皇の擁立をはかったため、幕府によりこの葛原岡で処刑された。このあたり一帯は自然公園となっており、桜の名所として親しまれている。**源氏山**へは、公園入口に戻り、銭洗弁財天への道を右に見送って真っすぐに。化粧坂《けわいざか》（国指定史跡）と、**源頼朝の銅像**がある芝生の公園広場を過ぎると、わずかな上りで頂上だ。木が茂り見通しは悪いが、桜の名所でもある。

墓地沿いの山道を下ると、北条政子が建立した**寿福寺**（臨済宗）に出る。鎌倉五山第三位の寺で、一二〇〇（承久二）年創建。墓地には政子、実朝の墓と伝わる五輪塔もある。帰途は横須賀線沿いに南に進むと**鎌倉駅西口**に着く。

【見どころ】 葛原岡神社から源氏山への途中で右折、右の素掘りトンネルを抜けると**銭洗弁財天**＝宇賀福神社。鎌倉五名水の一つで、この水で洗ったお金は増えて戻ってくるという言い伝えがある。

⑯ 朝比奈切通から鶴岡八幡宮へ

歴史と趣のある古道と寺社

【徒歩】2時間30分

▼朝比奈切通は鎌倉に入る七つの切通の一つで、一番古道の雰囲気を残しています。鎌倉側では点在する市内東部の寺社を訪れます。

▽【地図】国土地理院地形図（二万五千）鎌倉又は（一万分の一）逗子、鎌倉

▽【コース】金沢八景駅（バス10分）朝比奈バス停（20分）朝比奈切通（15分）梶原太刀洗水（15分）十二所《じゅうにそ》神社（10分）光触寺《こうそくじ》（30分）浄妙寺（5分）報国寺（10分）杉本寺（25分）源頼朝の墓（10分）鶴岡八幡宮（10分）鎌倉駅

京浜急行金沢八景駅から京急、または神奈中バスの鎌倉か大船駅方面行きで**「朝比奈」**バス停下車。逆に鎌倉駅から金沢八景行きでも可（約二十分）。バス停からすぐの信号の先**「朝比奈切通20m」**の案内板に従い、左に入る。鉄工所を見て右に進む。入り口に朝比奈切通の石柱と、歴史を感じさせる石仏が並ぶ一本道で、横浜横須賀道路の高架橋をくぐり、雑木林の上り坂を進む。熊野神社の石柱を直進すると、両側の岩がそそり立つ**朝比奈切通**で、往時の面影をしのば

往時の姿を色濃く残した朝比奈切通

せる。下りの足元はわき出た水で、滑りやすいので注意しよう。
切通を越えた坂の下に朝比奈切通の由来を記した石碑（昭和十六年建・鎌倉青年団の記載あり）と、太刀洗川の滝がある。鎌倉五名水の一つ**「梶原太刀洗水」**がわき出て、「大刀洗井戸」の看板の後ろには苔むした社がある。太刀洗川沿いの道は、**十二所神社**前で県道に合流。少し先で左に折れ、もりと橋を渡ると、有名な「頬焼《ほほやき》阿弥陀仏」を本尊にもつ**光触寺**（時宗）。像の頬の焼き印は、盗みの疑いをかけられた法師の身代わりになったためとか。寺を後に光触寺橋を渡り、県道に出て明石橋、泉水橋を渡る。三十

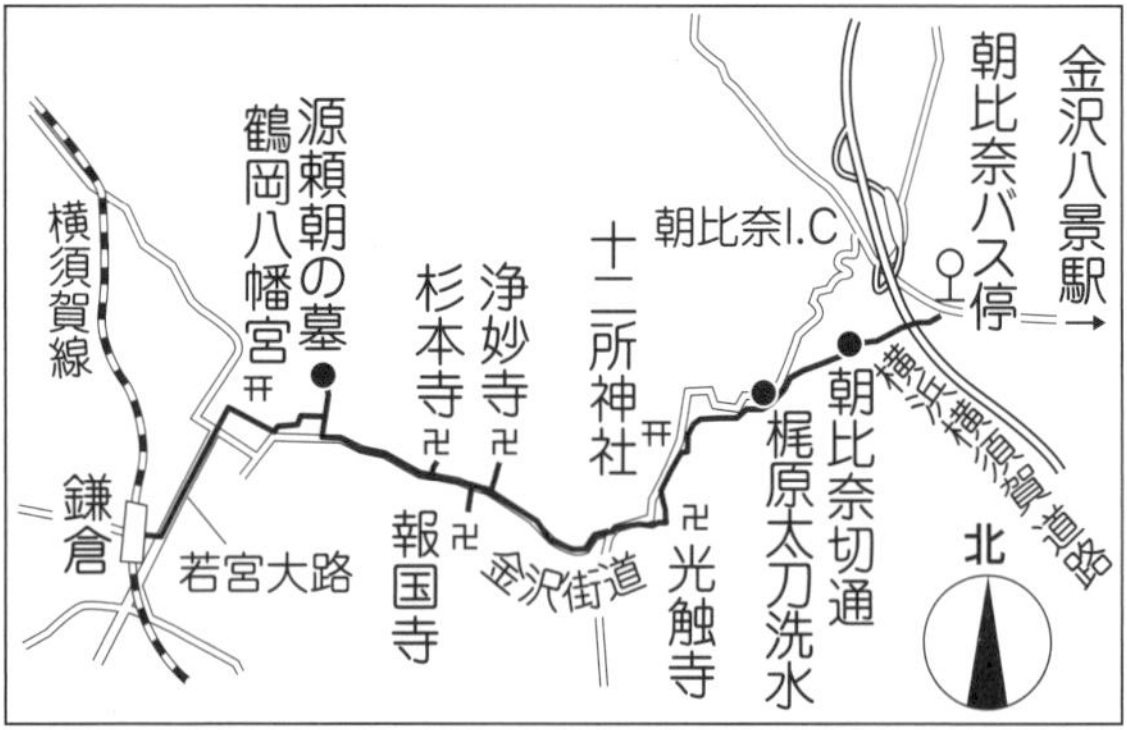

大蔵山中腹にひっそりとたたずむ源頼朝の墓

分ほど進むと右側に鎌倉五山五位の**浄妙寺**（臨済宗）の入り口。足利義兼の創建で、落ち着いた風格の本堂。

県道に戻り「報国寺入口」信号を渡り、華《はな》の橋を渡ると、**報国寺**（臨済宗）。本堂の裏庭は竹林で、「竹の寺」として有名。再び県道に戻り杉本観音の名で知られる**杉本寺**（天台宗）へ。本尊は十一面観世音菩薩。鎌倉最古の寺で、行基が開山と伝えられる。すり減って苔むした階段が時代を感じさせる。

次は**源頼朝の墓所**へ進む。県道を右に進み、「岐《わか》れ道」の信号先で右に折れ（案内板あり）直進。墓は大蔵山の中腹。当時の幕府跡を望める高台にあり、源氏の棟梁にしては質素な石塔のみである。墓から戻って清泉小学校西門を左に見て十字路を右に、横浜国大付属小・中の外周を回ると、**鶴岡八幡宮**の東側入り口。若宮大路を**鎌倉駅**に進む。

湘南

⑰

湘南平

展望台からの眺めは抜群

【徒歩】1時間50分

▼花水川の西、ＪＲ東海道線の北に広がる湘南平は、標高こそ低いが展望は素晴らしく、サクラやツツジの名所としても知られています。また、東に位置する高麗山は、豊かな樹林が見事で安藤広重の浮世絵でも有名です。いずれも「かながわの景勝五〇選」の一つ。

▽【地図】国土地理院地形図（二万五千）平塚

▽【コース】平塚駅（バス7分）花水バス停（5分）高来《たかく》神社（20分）高麗《こま》山（5分）八俵山（15分）浅間山（15分）湘南平（30分）高田保公園（20分）大磯駅

ＪＲ東海道線平塚駅北口から神奈中バスの大磯方面行きに乗り「花水」バス停で下車。

国道1号線を西に進み、高来神社入口の信号で国道を渡り、参道を進むと、右側が慶覚院、正面が**高来神社**だ。高来神社は江戸時代まで高麗寺に属し、神仏分離により一八六八（明治元）年高麗神社（高麗寺は廃寺）となり、のちの一八九七（明治三十）年に現在の名称になったが、地元の人はいまでも高麗の権現様と呼んでいる。

湘南平の西側展望台から東を望む

登山道は神社の裏側より始まる。男坂・女坂と左右に分かれるが、途中で再び合流し、最後の石段を上ると**高麗山**だ。頂上は常緑広葉樹の自然林に囲まれ、眺望はほとんど無いが都会地とは思えない落ち着いた雰囲気を醸し出す。「高麗山県民の森」で、樹木名の札も設置されている遊歩道を進む。頂上を後に小さな木橋を渡ると**八俵山**、続いて一等三角点のある**浅間山**だ。ここからは富士や丹沢の山並みが望める。

上り下りを繰り返し、アスレチックの斜面を上ると**湘南平**の東端に到着。平塚駅からのバスも通じており、テレビ塔と併設して展望台もある。整備された頂上

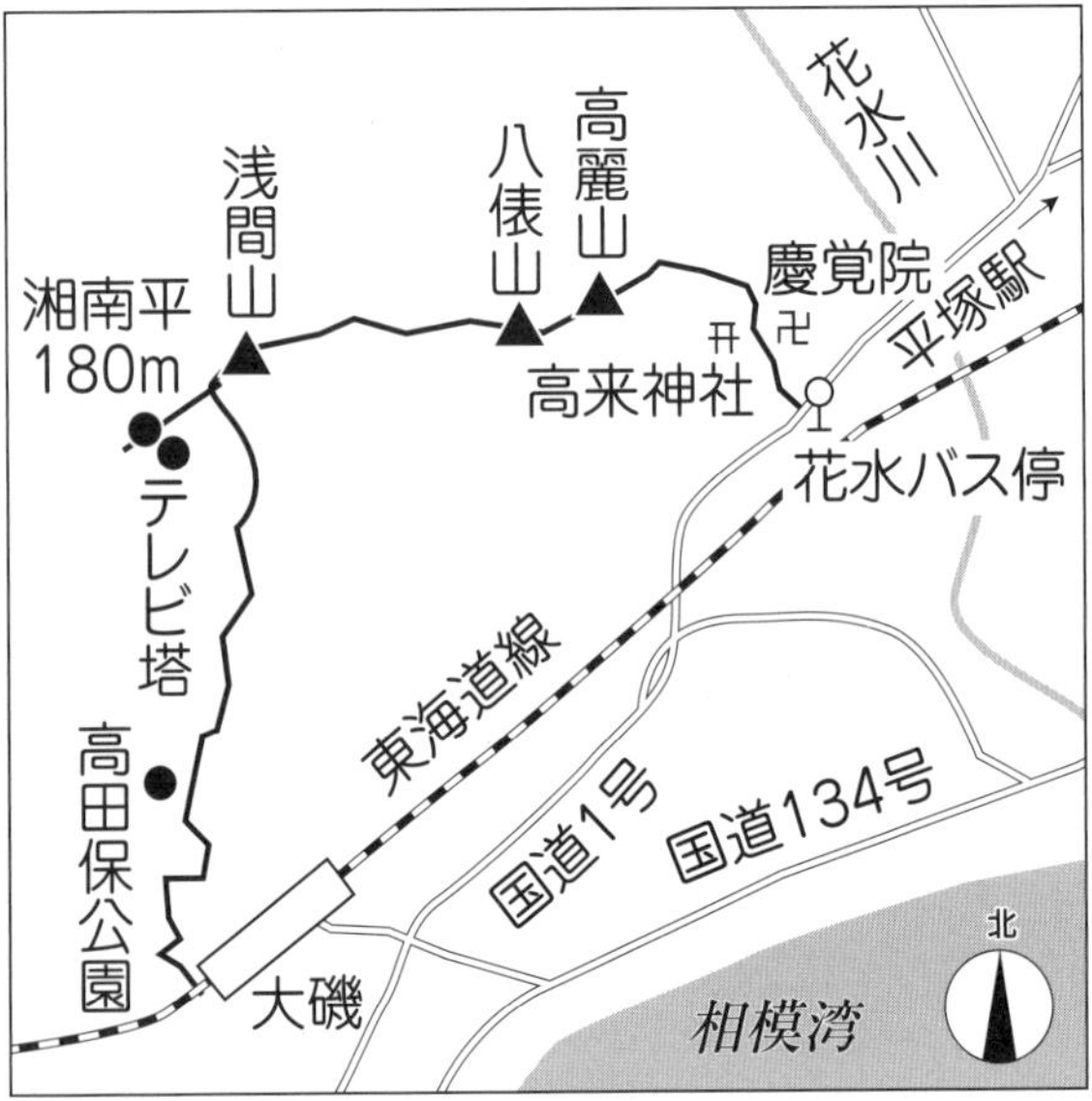

は千畳敷きといわれるほどの広さで、中央部は広場となっており、車道終点に平塚市在住だった日本山岳界の大先輩岡野金治郎翁の顕彰碑が平塚市によって設置されている。碑文には、「山を愛し山を楽しみ晩年平塚に住み平塚で終わった先駆者を偲ぶ」とある。西側にも、展望台とレストランがある。眺望はまさに三六〇度。西に富士・箱根・伊豆、北は丹沢の山

並み、眼下には平塚の市街地や湘南の海岸、遠く大島まで望める。

下山は大磯方面に向かおう。テレビ塔まで戻り、右に折れて雑木林を下り、途中の県営水道の東小磯配水池を通過すると人家が現れ、**高田保公園**に着く。作家高田保は戦前からこの地に住み、戦後は「ぶらりひょうたん」などで知られる。

公園の一角にある高田保の墓碑には「海の色は日ざしで変わる」とある。さらに下ると**大磯駅**に到着だ。ここは古くは江戸時代に大磯宿として栄え、明治以降は海が近くて空気が良いことから、多くの名士（新島襄、島崎藤村）らの好んだ街である。また、大磯は海水浴場発祥の地でもある。駅付近には由緒ある建物や碑が多くあるので立ち寄るのも良い。

【見どころ】 **鴫立庵**（でんりゅうあん。俗にしぎたつあんとも）大磯駅から南に約五〇〇㍍で国道1号線を渡ると大磯町役場がある。この並びに鴫立庵がある。「こころなき身にもあはれは知られけり鴫立沢の秋の夕暮」と歌人・西行法師が付近の海岸で詠んだ名歌が庵の由来。現在の鴫立庵は三百年にわたり引き継がれた俳諧道場を復元（一九八七年）したものである。京都の落柿舎《らくししゃ》、滋賀の無名庵と並んで日本三大俳諧道場の一つといわれている。

（鴫立庵☎0463—61—6926）

⑱

大磯 鷹取山から湘南平へ

湘南の丘陵歩きを楽しむ

【徒歩】4時間50分

▼コースの起点と終点は「関東ふれあいの道」を歩き、中間ルートは平塚市が力を入れる湘南丘陵の道などを歩きます。行程五時間余りの長丁場コースなので、暑い時季を避けた秋から春先がお勧めです。

▽【地図】国土地理院地形図（二万五千）平塚

▽【コース】二宮駅（9分）生沢バス停（40分）大磯鷹取山（20分）七国峠分岐（30分）霧降りの滝（20分）松岩寺（60分）愛宕神社（20分）万田の池（50分）湘南平（20分）高麗山（30分）花水バス停（20分）平塚駅

JR東海道線二宮駅南口から神奈中バスの平塚駅北口行き（松岩寺経由）バスに乗り「**生沢**」バス停で下車。バス停前の県道を横断し、灌漑用の「東の池」を見学。元に戻り、バスの進行方向に五〇メートルほど進み、左に折れると「**関東ふれあいの道『鷹取山』**」への道標。これにしたがい小田原厚木道路のガードをくぐると道は急坂となる。

西生沢からの道との合流地点、左に富士山や箱根方面が見通せる場所に出たら一息つこう。石の鳥居のあるあたりから

流れる水が霧のように見える「霧降りの滝」

上は急坂なので注意して進む。上りきると鷹取神社があり、周囲はタブノキなどの常緑広葉樹林に覆われた自然林で、神奈川県の天然記念物にも指定されている。山頂は社殿裏手左の小高い丘にある。ここからは見通しの悪い車道で、左に一部ゴルフコースが見えるだけだ。

　車道を二十分ほど行き、傾いた道標を右に折れると山道を進むようになる。途中『立石や日之宮神社』を右に見送り、二つの橋を渡れば**霧降りの滝**に着く。水量の多い時季、滝は文字通り広がり見応えがある。滝の下流には、古沢の池（往復約四十分）があるので、時間があれば立ち寄ってもいいだろう。霧降りの滝お

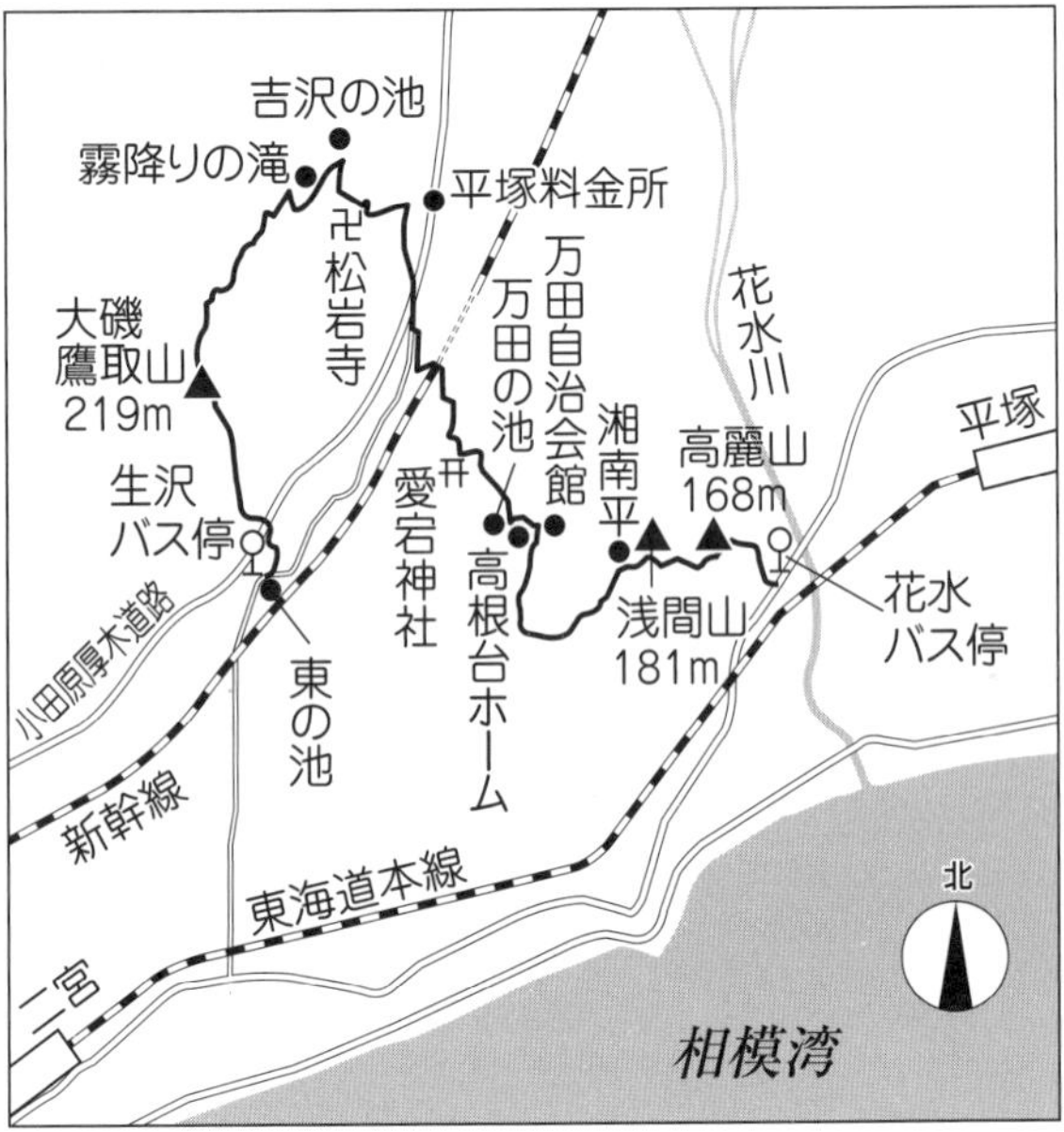

よび吉沢の池にはベンチも設置され、しばしの休憩に最適。

滝を後に、農道をしばらく上ると眼下に江ノ島や三浦半島が眺望できる尾根となる。正面にはこれから訪れる湘南平、振り返ると丹沢の山々も見通せる。

眺望を十分楽しんだら**松岩寺**への道を下り、参道の急な階段を下りきると県道にぶつかる。県道は交通量が多いので歩行は注意しよう。コースは平塚市が設置した湘南平への道標に沿って進む。途中からは畑の中を歩くが、新幹線を越えると上出縄。この付近は緑の多い丘陵地帯で、ホッと一息つける。

やがて**愛宕神社**の先で、**万田の池**方面の急坂を上るように進むと進和学園があり、その先灌漑用水池を過ぎて高根台老人ホーム前を左に折れ、万田自治会館手前で右に折れる。ここで湘南平へのコースは二手に分かれるが、山道をとって南に進む。ジグザグの登山道を登りきると左に耕作地を見て、舗装道に突き当たる。ここを左に折れて小さな橋を渡ると上りとなり、途中の分岐を左にとると**平塚駅**まで行く**「湘南平」**バス停のある山頂に着く。山頂は広く、特に西の展望台からの眺望は、低山にもかかわらずまさに三六〇度の展望。天気に恵まれると遠く富士山や箱根丹沢の山々までが見通せる。ここから**高麗山**を経て**「花水」**バス停までは、湘南平の案内（p92）の逆コースをとれば良い。

⑲ 曽我丘陵
あだ討ちの物語と、梅林の道

【徒歩】2時間30分

▼「曽我の里」は史跡とともに梅、ミカンの産地としても有名。駅周辺の曽我梅林(約三万本、中河原、別所、原の三梅林の総称)は、開花時は見応えがあり、「かながわの景勝五〇選」にも選ばれています。

▽【地図】国土地理院地形図(二万五千)小田原北部

▽【コース】下曽我駅(10分)城前寺(10分)剣沢川(弓張の滝往復(30分))(20分)曽我祐信《すけのぶ》の墓(15分)六本松峠(5分)一本松(10分)見晴台(20分)下別所バス停(30分)下曽我駅

JR御殿場線**下曽我駅**から出発。駅前通りを進み、突き当たりを左に折れ駐在所前で県道を横断すると**城前寺**(浄土宗)だ。歌舞伎などで知られる「曽我物語」の主人公曽我兄弟の菩提《ぼだい》寺で、五郎・十郎兄弟とその両親の墓がある。毎年五月二十八日の仇討ちの日には、兄弟の冥福と参拝者の無病息災を祈って傘焼き祭りが行われる。あだ討ちが闇夜だったため、持っていた傘を燃やし松明《たいまつ》代わりにしたのが由来とか。

寺から丘陵の六本松峠に向かって進む

城前寺にある「曽我兄弟発願之像」

と、「五郎の沓《くつ》石」がある。五郎が石につけた足形で、以前は足を病んだ人が回復祈願に訪れたそうだ。この先を右に折れ、**剣沢川**手前から川沿いに行くと「弓張りの滝」への分岐。ここから往復三十分ほどで二段に落ちる滝を見て行こう。分岐に戻り、**剣沢川**を渡る。しばらく進むと、左手に浄土宗の僧・澄禅が朝夕の富士を拝しながら座禅修行をしたという「澄禅窟《ちょうぜんくつ》」がある。坂道となり、梅林がミカン畑に代わる。振り返ると曽我の梅の里の向こうに足柄平野から箱根連山や富士山の雄大な背景が広がる。

急坂の先に、兄弟の養父・**祐信の供養塔**。六本松架橋の橋をくぐると**六本松峠**

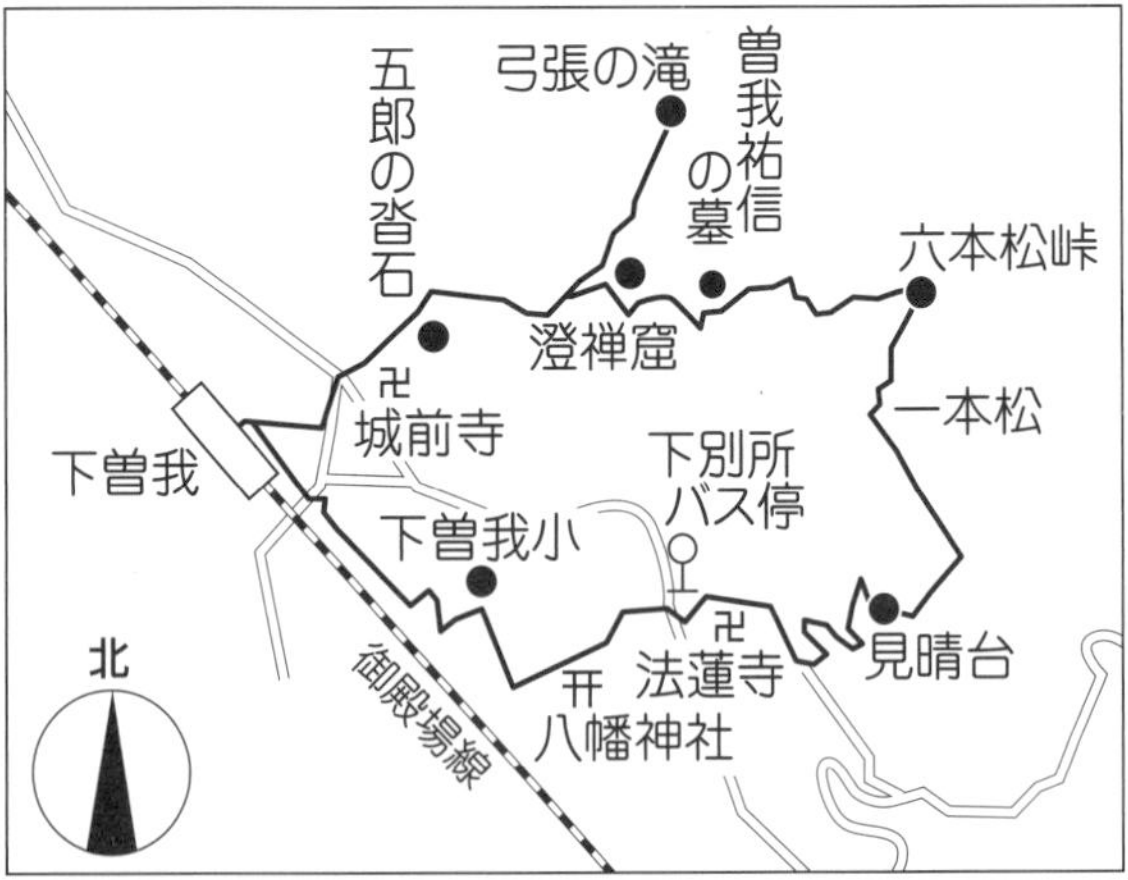

弓張の滝
曽我祐信の墓
五郎の沓石
六本松峠
澄禅窟
城前寺
一本松
下曽我
下別所バス停
下曽我小
見晴台
法蓮寺
八幡神社
御殿場線
北

六本松趾

六本松峠の石碑

に出る。六本松の由来を記した石碑と芭蕉の句碑があるのみだ。西側が開け、足柄平野の眺めがよい。道標に従い、ミカン畑の農道を一本松へ行く。**一本松**へはあっという間に着く。近年植えられた松が箱根方面の眺めに趣をそえる。

次は「別所梅林」へ。近道もあるが、真っすぐに進んで**見晴台**（トイレもある）に寄ろう。ここで最後の展望（小田原市街や相模湾から伊豆の山々）を楽しんで急なジグザグ坂を下る。ここからは幅広い農道を経由するが、道標に従い下ると法蓮寺（日蓮宗）で、曽我兄弟の母・満江御前の墓もある。

さらに下ると県道沿い、信号のある「**下別所**」**バス停**に出る。ここからのバス便は土曜・休日運休で、平日も朝夕のみ運行のため利用できない。この西側一帯が別所梅林で、梅の季節は多くの人でにぎわう。帰りは**下曽我駅**まで歩く。

⑳

農村公園から富士見塚へ

のどかな景色と端正な富士

【徒歩】3時間10分

▼出発はひょうたん駅として有名な御殿場線上大井駅です。この駅は構内にひょうたん棚があり、地元で大切に育てているものです（見頃は七〜八月）。コースは里道が多くやや複雑ですが、大井町によって要所要所に道標が整備されているので心配はありません。

▽【地図】国土地理院地形図（二万五千）小田原北部、秦野

▽【コース】上大井駅（30分）了義寺（40分）農村公園（80分）篠窪バス停（10分）富士見塚（30分）神山バス停（バス5分）新松田駅または松田駅

JR御殿場線**上大井駅**前から道標に沿って進む。「上大井駅入口」バス停を左へ曲がり、ハイキングコースの近道をたどる。「下庭入口」バス停先で右に折れ、大縄橋を渡り右に折れて田んぼの一本道を進む。進むと山田の集落。かつてこのあたりで栽培していたタバコを刻むのに使われた山田の水車があったが今はなく、懐かしい風情が一つ消えてしまった。

了義寺（臨済宗）を目指す。一三六七（正平二十二）年創建の寺は高台にある。本堂の板戸絵は桜井雪保（雪舟派）作。

桜の季節に富士見塚から富士山を望む

竜虎、山水、花鳥などが描かれ、頼めば見学できる。寺を後にわずかに戻って左に折れ、道標に従って進むと周囲はミカン畑となり、丁字ヶ原の台地が広がる。この一角にある**農村公園**は、良く整備されていて景色はのどかでゆったりとした気分にさせてくれる。丹沢・箱根・富士などが一望のもと。隣の丘陵地には自然を生かした宿泊施設「いこいの村あしがら」や、郷土資料館、農産物直売所がある。

いこいの村から北西に進み

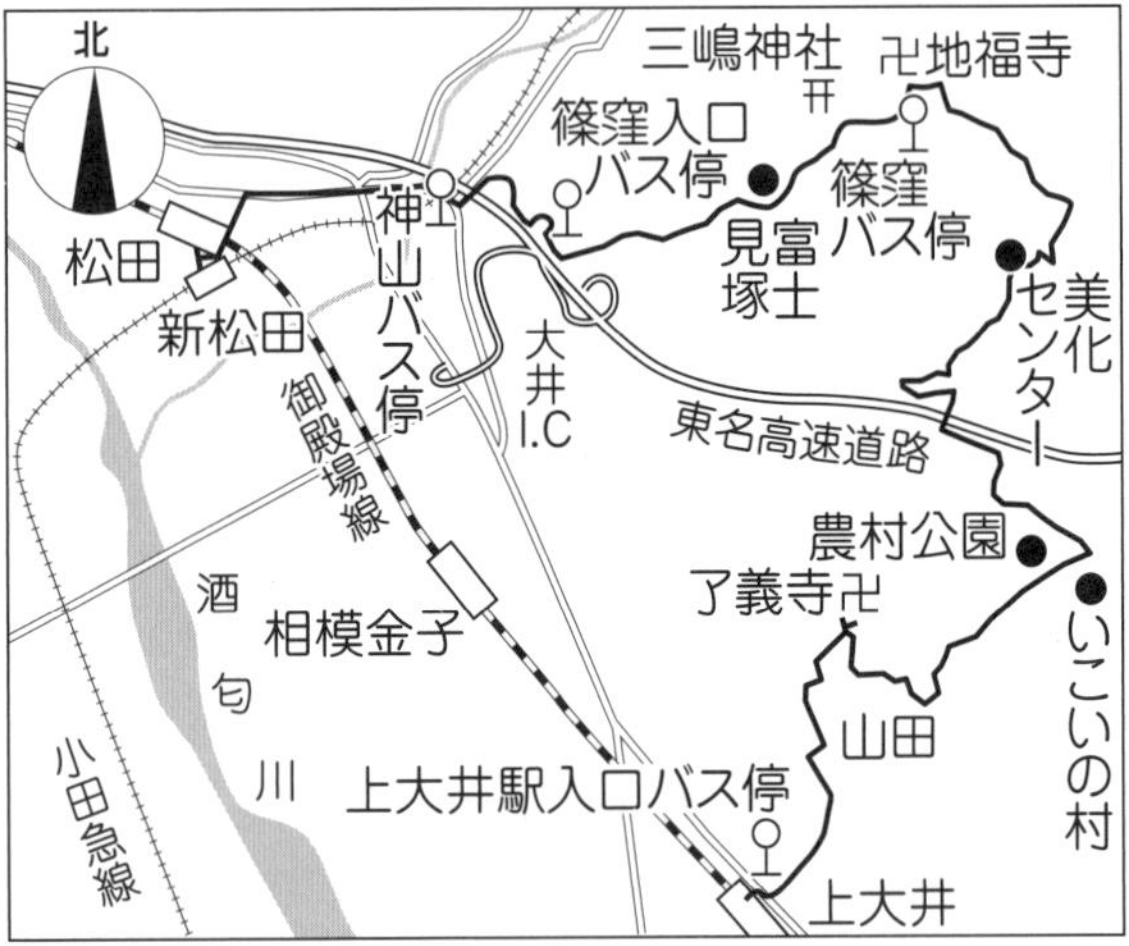
北
三嶋神社
卍地福寺
篠窪入口
バス停
篠窪
バス停
見富
塚士
神
山
バス
停
美化
センター
松田
新松田
大井
I.C
御殿場線
東名高速道路
農村公園
了義寺卍
いこいの村
酒
匂
川
相模金子
山田
上大井駅入口バス停
小田急線
上大井

丹沢を正面に見ながら、東名高速道路に架かる矢頭橋を渡る。左に乗馬クラブを見て信号（矢頭橋）を渡り、左折して右手の上り坂を進むと美化センターの先で遊歩道に入り中村川に沿って進む。雑木林に囲まれ、滝やせせらぎが続き静かな雰囲気が味わえる。

人家が現れると篠窪の集落。**「篠窪」バス停**近くに地福寺（臨済宗）がある。その先には「かながわの名木百選」のシイの木（樹齢五百年）で有名な三嶋神社がある。旧道の上り坂を進むと篠窪峠で、右折すると**富士見塚**。名の通り、富士が端正な姿でそびえている。あとは、東名高速の側道まで下る。側道で右に折れ、曲がりくねった道を進むと、**「神山」バス停**だ。この先を右折して小田急線の踏切を渡り、小田急線**新松田駅**またはＪＲ御殿場線**松田駅**までは二十分ほど。

箱根

㉑

紹太寺から石垣山へ

秀吉の一夜城を訪ね往時をしのぶ

【徒歩】2時間30分

▼しだれ桜で有名な長興山紹太寺（黄檗《おうばく》宗）から、太閤《たいこう》秀吉が一夜城を築いた石垣山を歩きます。

▽【地図】国土地理院地形図（二万五千）小田原南部、箱根

▽【コース】入生田《いりうだ》駅（5分）紹太寺（20分）稲葉一族の墓（5分）長興山（15分）入生田駅入口（10分）太閤橋（50分）石垣山（45分）早川駅

箱根登山鉄道**入生田駅**から道標に従って、**紹太寺総門**（大門跡）へ。かやぶきの紹太寺本堂を木々の間越しに直進。石段の道を上り、透天橋《とうてん》を渡るとかつての紹太寺伽藍《がらん》跡だが、今はミカン畑でその面影はない。さらに上ると春日局を真ん中に、三代にわたり小田原城主を務めた**稲葉一族の墓**がある。墓から戻り左折して、しだれ桜のある**長興山**へ。江戸時代の有名な僧・鉄牛《てつぎゅう》和尚の寿塔と、その先にしだれ桜がある。桜は樹齢三百年以上といわれ、高さ一五㍍はあろうか、県の

長興山のしだれ桜

名木百選と同時に市の天然記念物で、圧倒されそうだ。ここから石垣山に向かう。

農道を下り左に荻窪用水の案内板を見て、紹太寺総門から、入生田駅入口に戻り、駅東側のガードをくぐり直進する。この道は国道1号線のバイパス工事に伴い通じたもので、太閤橋に続き、この先は一本道となる。道の傍らには「自然を楽しむみち」の案内板が設置され、現地の植物、野鳥、自然などを説明している。

歩道を進み針葉樹の中の分岐で左に折れ、箱根ターンパイクに架かる姫の水橋を渡ると、後ろに箱根方面が望める。間もなく石垣山に着く。一帯は、国指定史跡で歴史の公園になっている。天守台は

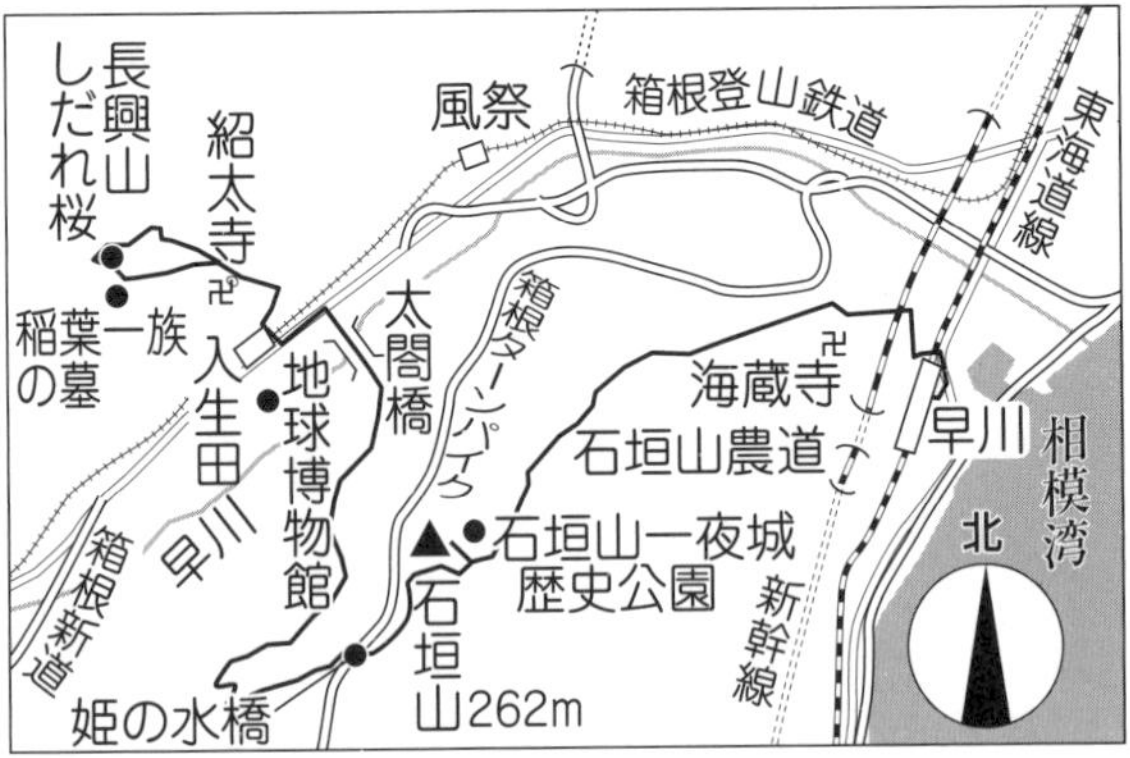

一面芝生の石垣山一夜城・二の丸跡

樹林で眺望はないが、本丸には展望台があり、小田原攻めの太閤の一夜城の名にふさわしく、小田原城を中心とする市街地や相模湾が一望できる。広々とした二の丸跡は、芝生が敷き詰められ格好の遊び場だ。二の丸の展望台からは明星ケ岳や丹沢の山も見通せる。

帰途はミカン畑の中の、石垣山農道を下る。途中、石垣山の戦いに参陣した武将ら、ゆかりの八人の絵と解説が書かれた看板があり、往時をしのぶことができる。海蔵寺（曹洞宗）まで下るとJR東海道線**早川駅**は目の前。

【見どころ】 時間があれば、入生田駅から徒歩五分の「**県立生命の星・地球博物館**」へ。四六億年の地球と生命の営みの歴史を分かりやすく紹介している。

（生命の星・地球博物館☎0465—21—1515）

㉒ 飛竜の滝から千条の滝へ

真夏に涼を求める滝めぐり

【徒歩】２時間30分

▼涼を求めて、箱根の畑宿と小涌谷を結んで二つの滝をめぐります。箱根の古道の滝坂道と湯坂道の一部も歩きましょう。

▽【地形図】国土地理院地形図（二万五千）箱根

▽【コース】箱根湯本駅（バス20分）畑宿バス停（40分）飛竜の滝（45分）鷹ノ巣山（20分）浅間山（30分）千条《ちすじ》の滝（15分）小涌谷バス停または小涌谷駅（バス15分、電車30分）箱根湯本駅

箱根登山鉄道の箱根湯本駅から上畑宿または（旧道経由）元箱根港行きバスに乗り「畑宿」バス停で下車。箱根旧街道へ行く道と分かれ、県道を元箱根方面へ進むと飛竜の滝への道標があり、右の道に入ると急な坂の林道となる。この道は「滝坂道」といい、樹齢百五十年ともいわれる山桜、畑宿夫婦桜（連理の桜）が春には見事な花を咲かせる。

対岸に渡り、なおも川沿いを歩くと、樹林の間に滝が見え、滝見台下に着く。飲用不可の札を見て、川を回り込むと目

飛竜の滝

指す「**飛竜の滝**」だ。滝は二段となって落ち、下段二五メートルは全容が見えるが、上段一五メートルの一部は見えない。竜が飛揚するようなところから名がついたとされる。

滝見台下へ戻り、急な坂を上り、樹林を進むと「湯坂道」に合流する。ここからは開けた気持ちの良いススキの原がなだらかに続き、快適な気分になる。なだらかな道も、少しの上りで**鷹ノ巣山**の頂上だ。頂上は広く、箱根外輪山の明神ケ岳、明星ケ岳や、内輪山

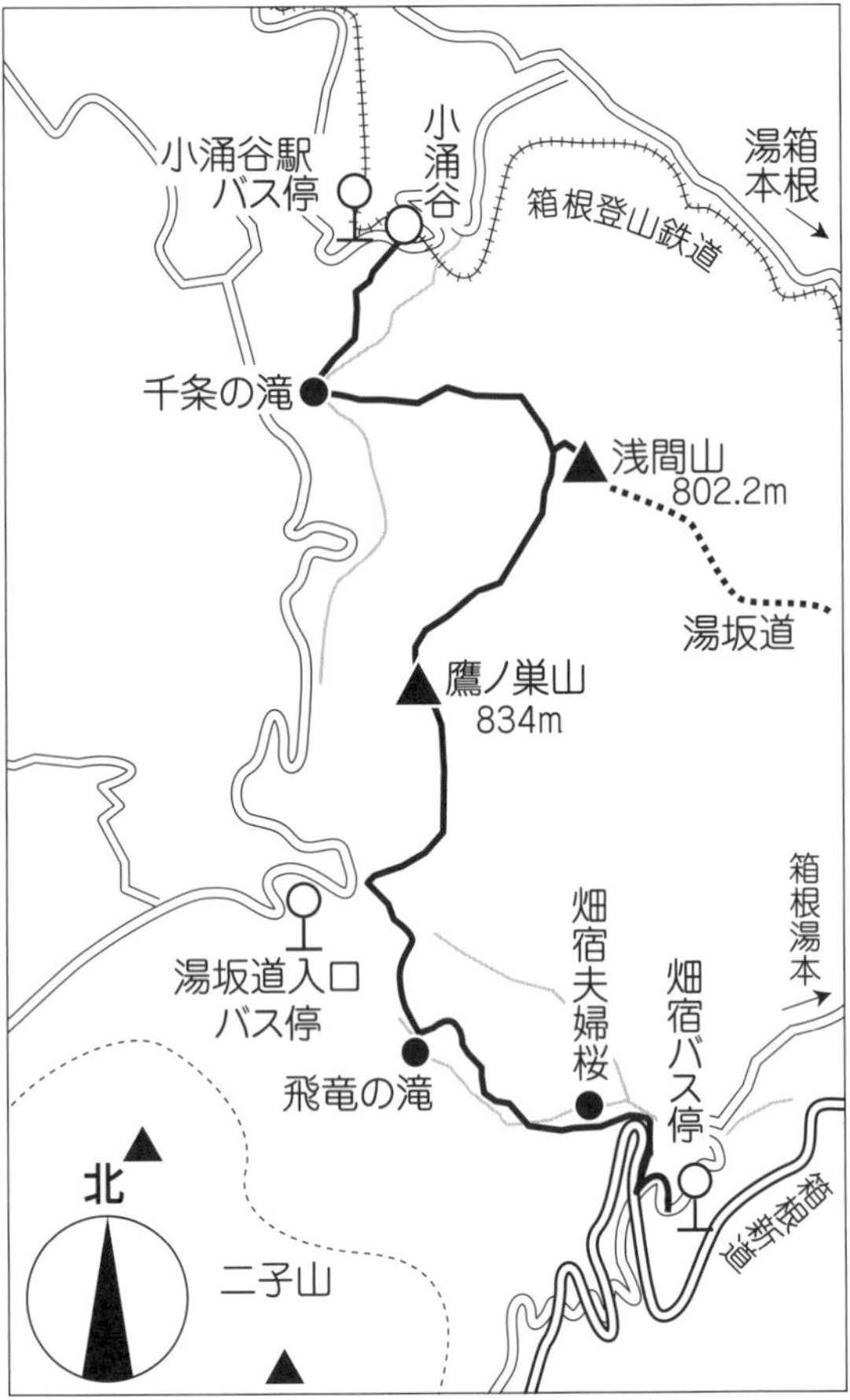

小涌谷駅
バス停
小涌谷
箱根登山鉄道
箱根湯本
千条の滝
浅間山
802.2m
湯坂道
鷹ノ巣山
834m
箱根湯本
湯坂道入口
バス停
畑宿夫婦桜
畑宿バス停
飛竜の滝
箱根新道
北
二子山

の神山、駒ケ岳、二子山が見える。また、眼下には相模湾をはじめ、小田原の市街や丹沢の山々が見渡せ、休憩には最適だ。

林道を横断し浅間山に向かう。**浅間山**頂上では、南側の低木から頭を出している大きく特徴のある二子山が印象的だ。

湯坂道と分かれ、見通しのない樹林の中を下り、滑川を渡ると**「千条の滝」**だ。幾筋もの滝のしずくが連なったその姿は、富士の白糸の滝の〝ミニ版〟だ。

十分涼しさを味わった後、車道を通り国道に出ると**「小涌谷駅」**バス停に着く。目前には箱根登山鉄道の**小涌谷駅**もあり、利用できる。休日午後の道路は、渋滞が激しいので時間に正確な電車利用がお勧め。

【見どころ】小涌谷駅から国道1号線で徒歩約二十分の箱根小涌園先の三河屋旅館には、ツツジ・サツキが三万株植えられた**蓬莱《ほうらい》園**があり、四～五月には見事な花を楽しめる。また、小涌谷駅から強羅駅にかけて、**「箱根彫刻の森美術館」「箱根美術館」「強羅公園」**もある。

㉓ 金時山から乙女峠へ

金太郎伝説の地で尾根歩き

【徒歩】3時間30分

▼金太郎伝説で有名な金時山から箱根の外輪山を乙女峠まで歩きます。

▽【地図】国土地理院地形図（二万五千）御殿場、関本

▽【コース】小田原駅（バス45分）仙石バス停（20分）金時神社入口バス停（5分）金時神社（70分）金時神社分岐（25分）金時山（50分）乙女峠（40分）乙女口バス停（バス4分）仙石バス停（バス45分）小田原駅

※「金時登山口」バス停からの登り口は時間的にはほぼ同じだが、金時神社などは通らない。

小田原駅から箱根登山バスで仙石原（「仙石」バス停）まで行き、御殿場方面に二十分ほど歩くと「**金時神社入口**」バス停に着く。「仙石」から御殿場行きバスがあるが、本数が少ないので歩こう。

バス停そばに公時神社（地元では公時という）入口の石碑がある。（現地標記は「公時神社」だが、ガイドでは「金時神社」を使用。）見上げると、目指す**金時山**が正面にそびえる。道標に従って進むとトイレ、登山届のポストがあり、さらに進むと金時神社社殿だ。登山の安全

金時山手前の霧に覆われた登山道

をお願いし、右手の登山道へ。しばらくは針葉樹の中を歩き、途中で金時ゆかりの手鞠石を左手に見て林道を横断する。少し先の登山道脇に金時神社奥の院があるので立ち寄るのもよい。この付近から急坂になるので、金時宿り石（大石）あたりで一息つこう。

さらに進むと矢倉沢峠からの尾根道に合流する。振り返ると仙石原や神山が箱庭のように見渡せ、頂上まで二十分の道標がある。ここからは、眺めのよい明るい急坂が始まる。変化に富んだ尾根道を過ぎると、途中からブナ林になる。林が切れたところで頂上に飛び出す。眺望は壮大で三六〇度、真っ先に目に入るのは

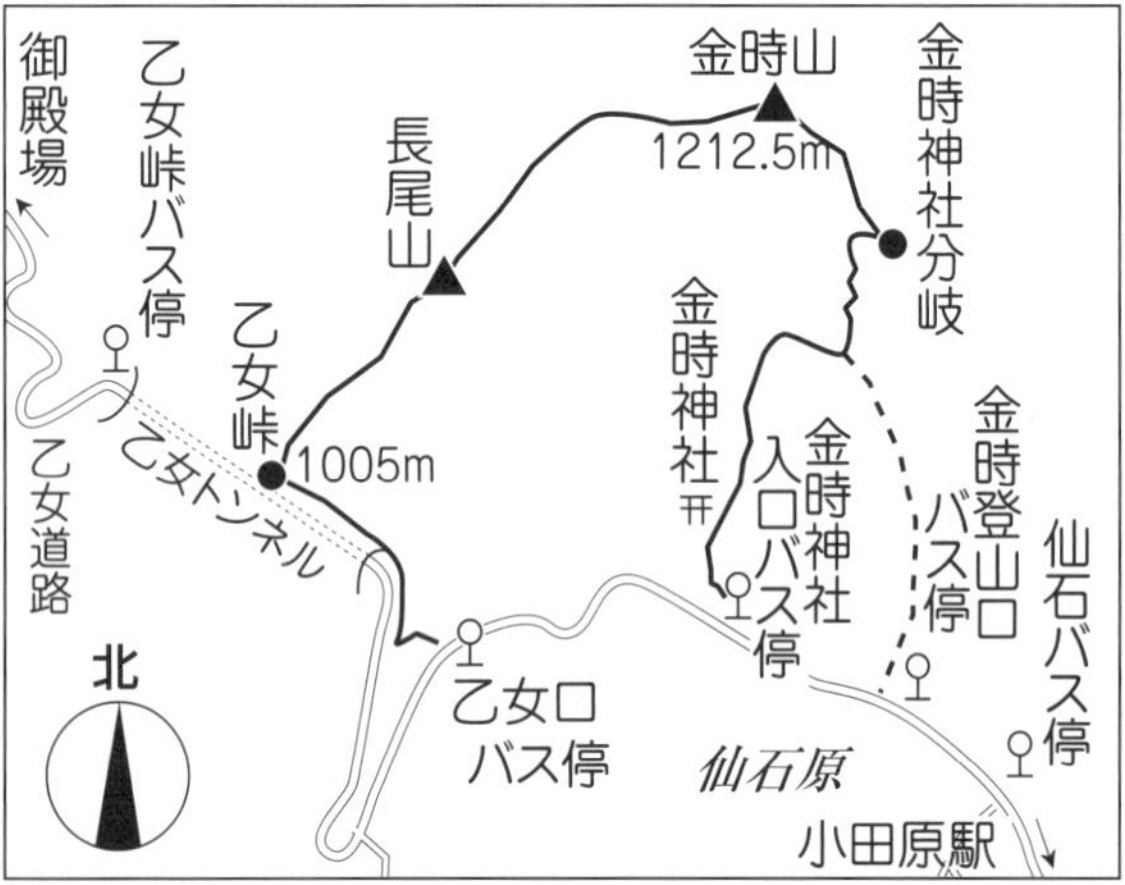

登山者で込み合う金時山山頂

天下の秀峰・富士、続いて愛鷹山や神山を中心とする内輪山や丹沢、さらに遠く南アルプスの山々までも見渡せる。ここには二軒の茶店があり、休憩できる。

眺望を十分に堪能したら乙女峠に向かう。滑りやすい登山路にはロープも張られ、緊張するが慎重に下ろう。長尾山まではブナやヒメシャラも交じる快適な樹林の尾根道歩き。上り下りを繰り返して視界が開けると長尾峠で、さらにもうひと下りすると**乙女峠**だ。峠には展望台があり、富士を眺めるのに絶好の地。

峠からは御殿場方面に下る「乙女峠」と小田原方面に下りる「乙女口」二つのバス停へと左右に分かれるが、今回は「**乙女口**」へ。樹林の中を下るが、途中から乙女道路の車の音が聞こえてくるとバス停も近い。バスで仙石原に行き、小田原駅行きに乗り換える。時間があれば仙石原で温泉に立ち寄るのもよい。

【見どころ】「仙石」バス停から約十五分で町立の**箱根湿生花園**に着く。湿原植物を中心に、千七百種の植物が三月二十日から十一月末まで楽しめる。

（**町立箱根湿生花園☎**０４６０—８４—７２９３）

㉔

山伏峠から三国山へ

芦ノ湖ぐるり、ブナ林を歩く

【徒歩】4時間20分

▼芦ノ湖の西、静岡との県境に芦ノ湖スカイラインと平行して整備された登山道を、箱根峠に近い海ノ平から湖尻まで歩きます。

▽【地図】国土地理院地形図（二万五千）箱根、裾野

▽【コース】小田原駅（バス56分）箱根町バス停（20分）道の駅箱根峠（40分）海ノ平（40分）山伏峠（60分）三国山（40分）湖尻峠（20分）深良《ふから》水門（40分）桃源台バス停（バス60分）小田原駅

小田原駅東口から箱根登山バスで「箱根町」行きに乗り、終点へ。バス停から国道1号線沿いに「箱根関所南」の信号を直進し「芦川入口」バス停先の信号を右に入る。駒形神社を見て芦ノ湖西岸歩道との分岐で、左の箱根旧街道の石畳を進む。国道の下をくぐり、進むと国道に合流。右に折れ「道の駅箱根峠」まで進む。駅の先で国道を横断し、登山道に入る。頻繁にある道標に従い針葉樹林のジグザグの上り下りを繰り返し、ササ林となると、芦ノ湖スカイライン沿いに出て

視界が開ける。ササ林の中の防火帯の緩やかな上り坂を進むと**「海ノ平」**で、正面に富士山が大きな姿を見せる。西側に愛鷹《あしたか》連峰、北側には延々と続くスカイラインと**山伏峠**を眺めながら進む。コースは自動車道の脇を沿うようについているが、車の騒音や排ガスも思ったほど気にならない。道がやや平たんになると左にスカイラインの料金所。背の高いササの道を上ると、レストハウスに着く。**山伏峠**は湖側にいったん下って回り込む（ロープの張られた道の、大石に根を下ろした大木がある付近に峠の道標がある）。

道が再びスカイライン脇に戻ると、相次いで「三国山1・8キロ」「湖尻峠4・0キロ」の道標。アセビ、ササに交じってブナも現れ、北東側には芦ノ湖を挟み駒ケ岳から神山の眺望が良い。坂が急になると、樹林が深まりブナの大木もちらほら。崩れかけたベンチに着くと**三国山頂上**だが、樹林に囲まれ眺めは期待できな

海ノ平

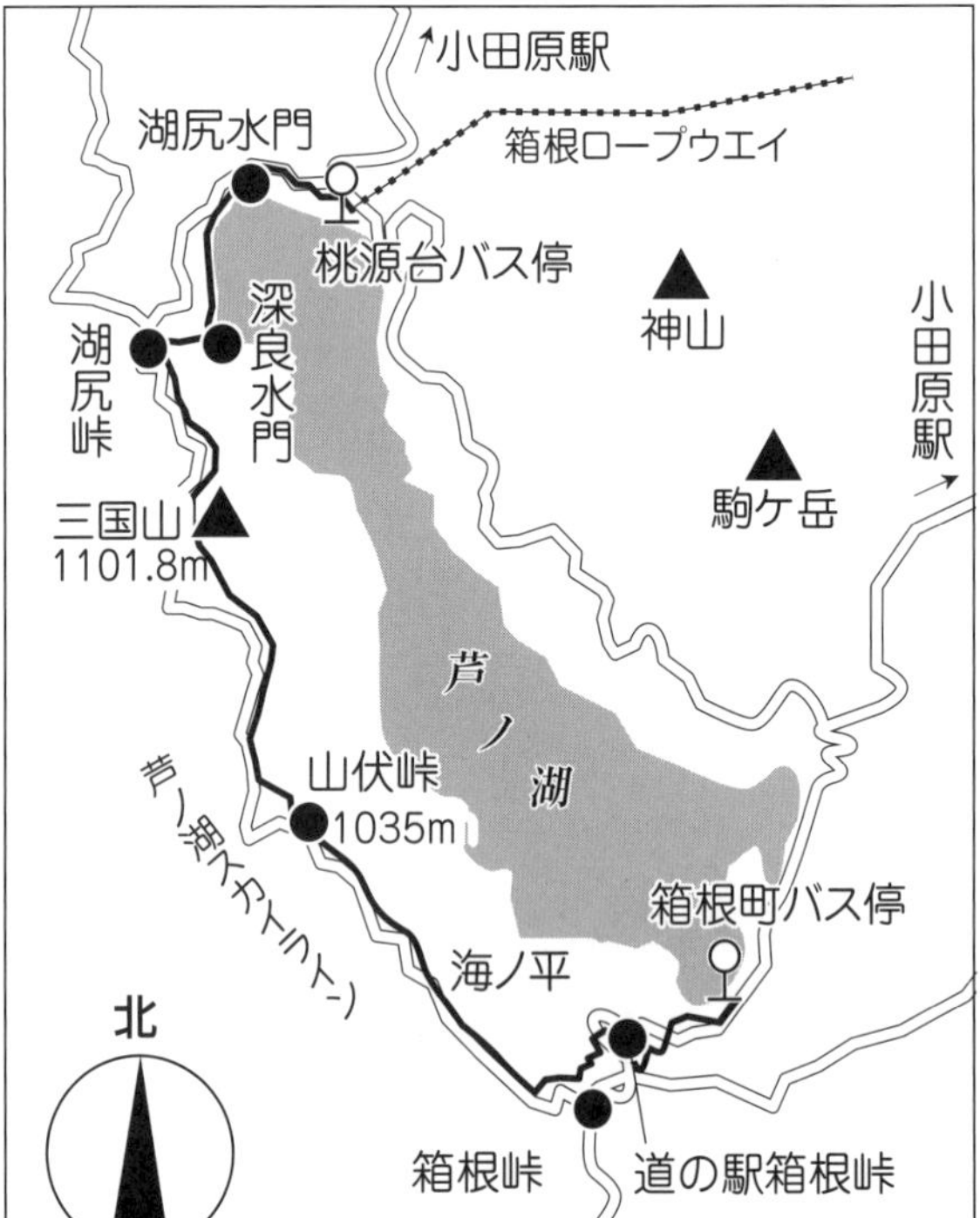
小田原駅
湖尻水門
箱根ロープウエイ
桃源台バス停
深良水門
湖尻峠
神山
小田原駅
駒ケ岳
三国山
1101.8m
芦ノ湖
芦ノ湖スカイライン
山伏峠
1035m
箱根町バス停
海ノ平
北
箱根峠
道の駅箱根峠

ブナ林の尾根（三国山付近）

い。下りはさらに長い年月を経て育った太く大きなブナが生い茂っており、感嘆する。ブナ林を過ぎると、アセビ、針葉樹林。さらに下ると正面に**湖尻峠**と丸岳が見える。下った湖尻峠には箱根用水の説明板もあり、山をくり抜いた当時の土木技術に驚く。

峠で右に折れ石畳を下ると、**深良水門**から水音をたて芦ノ湖の水が静岡側に流れ出ている（箱根側には水利権がない）。水門を後に湖岸沿いを進む。早川に通じる湖尻水門を通り、舗装道を右に進み県道に合流右に曲がると、箱根ロープウエイの発着場のある「**桃源台**」**バス停**で、箱根登山バスで小田原駅に出られる。

㉕ 駒ケ岳から神山へ

眺望見事な山岳信仰の地を歩く

【徒歩】3時間

▼駒ケ岳山頂は一面の草原で、箱根、丹沢、伊豆、愛鷹、富士など三六〇度の展望が楽しめます。ここから箱根連山の最高峰「神山」を通過して大湧谷まで歩きます。

▽【地図】国土地理院地形図（二万五千分）箱根

▽【コース】小田原駅（バス65分）箱根園バス停（箱根駒ケ岳ロープウエイ7分）山頂駅（10分）駒ケ岳頂上（70分）神山（30分）冠ケ岳（30分）大涌谷分岐（40分）大湧谷バス停（バス58分）小田原駅

小田原駅東口から、湖尻経由・箱根園行きの伊豆箱根バスの終点で下車。箱根園駅からロープウエイで一気に駒ケ岳の「山頂駅」へ（標高差五九〇メートル、延長一・八キロメートル）。駅北側の小高い丘（駒ケ岳最高地点一、三五六メートル）には「駒ケ岳山頂箱根元宮」がある。**駒ケ岳**は北に霊峰神山を拝し、二千有余年前に、聖占《しょうぜん》仙人が開いて以来山岳信仰が行われた。社周辺からは三六〇度遮るものはなく、天気が良ければ北側間近に大きな富士が、南には大島、相模湾の海岸線から三浦、房総半

駒ヶ岳山頂駅付近からの富士山、左は芦ノ湖

島、東には丹沢山塊が広がる。眼下の芦ノ湖や対岸に三国山の山並み、南には伊豆半島から続く駿河湾、西に愛鷹連峰が望める。

西に向かってササ林の歩道を下る。ロープウエイからの道と合流すると、防ケ沢分岐（十字路）の広場。西側は芦ノ湖方面へ、東側は早雲山へ続く「お中道《ちゅうどう》」（中腹の登山ルート）。直進して神山を目指す。滑りやすいので注意しよう。

左側に静岡側を望める展望台に着くと、神が住む「霊峰神山」として古代山岳信仰の聖地とされた**神山**の頂上。頂上は狭くしかも樹木に覆われているため周囲は望めない。しかし県内では数少ない

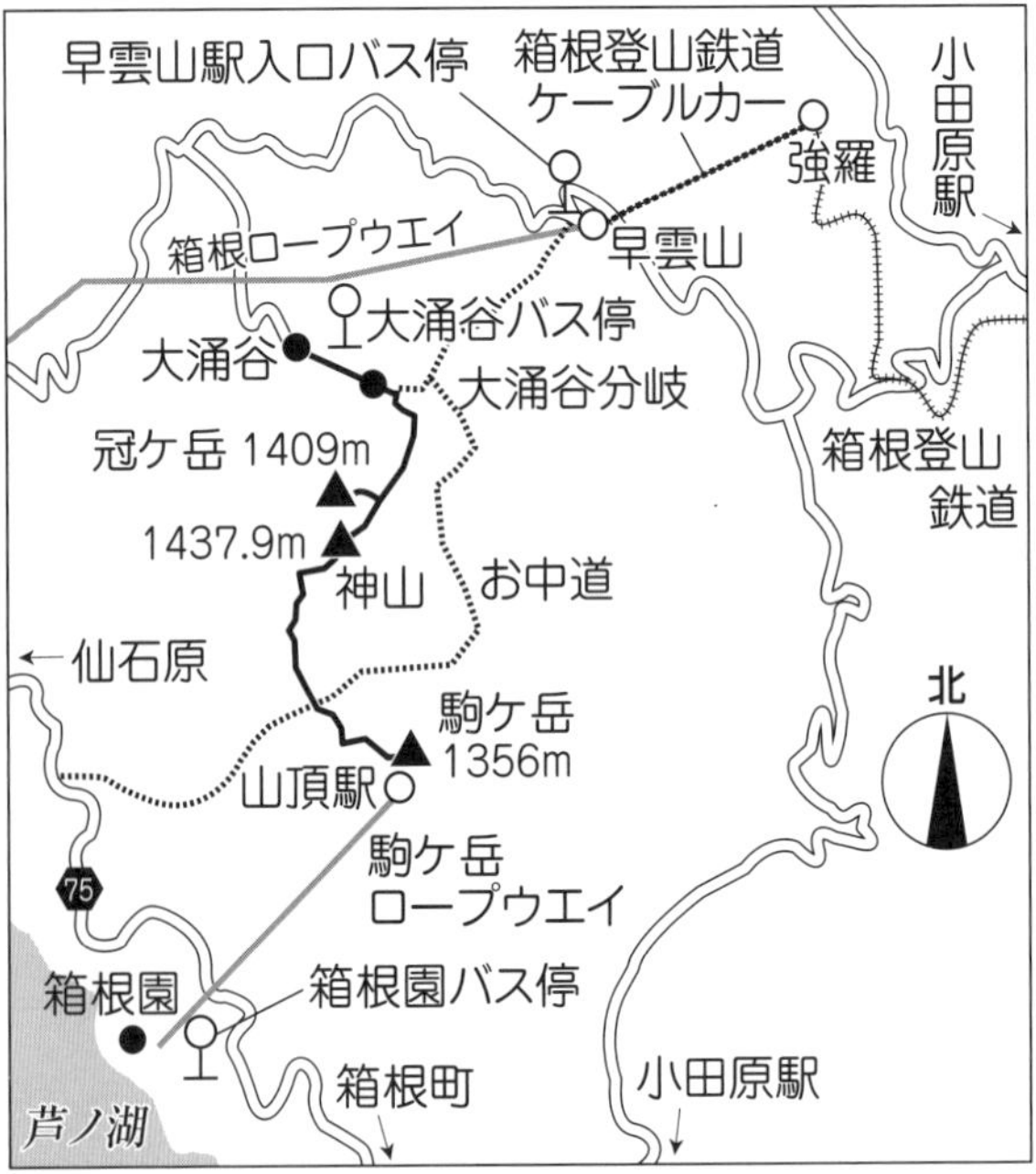

一等三角点と、南側には一カ所駒ケ岳を見晴らせる展望台もある。東の早雲山に向かって岩場を下る。樹木の間から、冠ケ岳も見えるが岩場の下りで足下に注意したい。

下りきると冠ケ岳への分岐。鳥居をくぐり社を越えると**冠ケ岳**頂上。真下にわずか大涌谷方面が樹林越しに見通せるが、そのほか眺望はなく写真を撮るにも苦労する狭い頂上だ。冠ケ岳分岐に戻り（往復十分）、アセビ、ヒメシャラも交じった樹林の道を下る。赤い鳥居や西側に、時折富士山が樹林越しに見える。岩場の道に**大涌谷**への分岐がある（分岐を右に折れると約四十分で、早雲山を経て箱根登山鉄道の早雲山駅に下れる）。

大涌谷に近づくと、登山者の安全のため登山道に火山ガスの噴出に注意を促す立て看板や、警報装置が設置されている。登山道は火山ガスのため二〇〇一（平成十三）年から通行止めだったが、二〇〇七（平成十九）年四月に通行可能となった（ただし、危険な濃度になるとブザーが鳴るので大涌谷に下山せず、元に戻るか早雲山駅に進む）。

大涌谷では、下山路脇の大涌谷インフォメーションセンターから噴煙地（名物黒卵の産地）への自然研究路も整備されており、火山活動の様子を間近に感じることができる。**小田原駅**までは「**大涌谷**」バス停から伊豆箱根バスで帰る。

（大涌谷から神山コースの問い合わせ先＝**箱根町**☎0460―85―7111）

※大涌谷の火山活動により、2015年5月以降、駒ケ岳を除いて通行止めとなっている（調査＝2016年11月現在）。

㉖ 箱根旧街道

歴史漂う「杉並木と石畳」

【徒歩】 2時間

▼江戸の昔より東海道として多くの旅人に歩かれた箱根の街道へ。芦ノ湖畔の関所から当時と同じ石畳を歩き、途中甘酒茶屋を経て、箱根細工で有名な畑宿まで歩きます。

▽【地図】国土地理院地形図（二万五千）箱根

▽【コース】小田原駅（バス60分）「関所跡入口」バス停（3分）関所（5分）恩賜箱根公園（17分）杉並木（40分）「旧街道石畳」バス停（5分）甘酒茶屋（30分）見晴茶屋（20分）畑宿（バス17分）箱根湯本駅

小田原駅から箱根方面行きバスで約一時間、「関所跡入口」バス停からスタート。恩賜箱根関所や関所資料館を見学して、恩賜箱根公園から湖畔のうっそうとした**杉並木**を進む。県道に架かる杉並木歩道橋を渡るとすぐに旧街道の入口だ。ここまで来ると、人や車の音もなく静かで昔の東海道の面影がしのばれる。

「箱根八里は馬でも越すが」の箱根馬子唄の石碑を過ぎると、林の間に大きな二子山が見えてくる。この先の箱根の森展望広場への道標で、左に折れるとすぐ

箱根旧街道石畳

の広場に寄って行こう。二子山はさらに大きく迫り頂上の鉄塔まで見通せるようになる。

本道に戻り、石畳を下ると**「旧街道石畳」**バス停のある県道を横切る。わずかに下ると、赤穂浪士神崎与五郎の詫《わ》び証文で有名な**甘酒茶屋**だ。隣接して箱根旧街道資料館があり、往時の様子を知ることができる。道路に沿った山道をさらに下ると、親鸞上人の詠んだ「やむ子をはあすけて帰る旅のやと　こころはここにのこしこそすれ」と別れの地の箱根にちなむ歌碑もある。

車道脇の歩道を歩き、畑宿歩道橋を渡ると「猿すべり坂」のバス停に着く。大

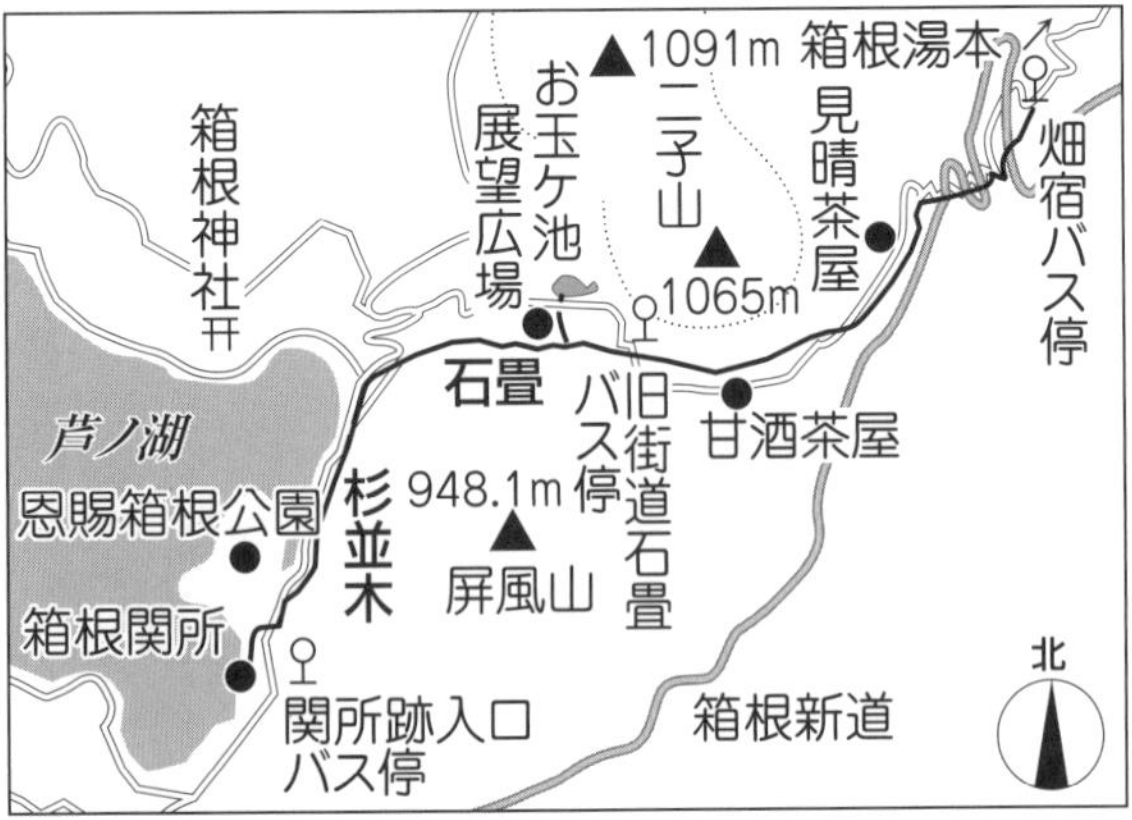

かやぶき屋根の甘酒茶屋（左）と箱根旧街道資料館（右）

観山（一、〇一二メートル）や白銀山（九九三メートル）方面が見渡せる。さらにこの先の**見晴茶屋**を過ぎると七曲がりの車道を横切って歩道が延びている。箱根新道に架かる橋を渡ると**畑宿**の一里塚でバス停もある。

畑宿には、寄せ木細工の製作実演をしている畑宿寄木会館もあり見学も可能だ。箱根湯本へのバスもあるが、県道に沿うようにして、自然探勝歩道や石畳の道もあり、時間と体力があれば湯本まで歩くのも良く、充実した一日になるだろう。

【見どころ】展望広場からさらに十分ほど下り、県道を渡ると「**お玉ケ池**」がある。元禄時代に関所破りで処刑された「お玉」の死を悲しみこの名がついた。展望広場分岐から往復三十分程度。

箱根旧街道石畳　江戸時代の初期箱根越えの道を、幕府の官道として整備したが、急坂の多い山道のため、しばしばすねまでつかる泥道になってしまった。このため当時としては近代的な石畳道を造り、歩きやすく整備した道となっている。

恩賜箱根公園　「旧函根離宮」跡地にあり、富士山や芦ノ湖を囲む箱根の山々が一望できる。このため「かながわの景勝50選」にも選ばれている。

㉗

真鶴岬

頼朝ゆかりの磯と原生林の道

【徒歩】１時間50分

▼真鶴岬は大半が県立真鶴半島自然公園に指定されており、岬の原生林と調和のとれた海岸線が続きます。真鶴漁港から三ツ石海岸や魚付き保安林を楽しむコースを紹介します。

▽【地図】国土地理院地形図（二万五千）真鶴岬

▽【コース】真鶴駅（40分）貴船神社（40分）真鶴岬（10分）三ツ石海岸（10分）番場浦（10分）中川一政美術館バス停（バス15分）真鶴駅

ＪＲ東海道線真鶴駅を降り、国道1号線を渡って正面の広いバス道を東方向に進み、真鶴漁港を目指す。三分ほど進むと道は二手に分かれ、左の下る道に進む。「小学校下」バス停脇の階段を下り、真っすぐに進むのが漁港への近道。再びバス道に合流すると、潮の香りが漂う漁港の一角・西浜に出る。源頼朝が隠れたという「しとどの窟《いわや》」は、ここを右に曲ればすぐ。今は地震などで崩れ、わずかな祠しか残っていない。

漁港構内にある「魚座《さかなざ》」は、一階が魚

山下浜から見たお林(魚付き保安林)

市場、二階には町営レストランや観賞用大型水槽がある。回遊する魚を見た後は**貴船神社**へ。創建は古く八八九(寛平元)年といわれ、古文書や漁業関係の資料が保存されている。毎年七月の「真鶴貴船祭り」は、海の神様にふさわしい勇壮な日本三大船祭りの一つ。樹林に覆われた境内の一角には貴船祭りの御輿《みこし》や写真も展示。ここから堤防の道を進むと山下浜で、曲がりくねった上り坂となり樹林帯に入る。この付近からの真鶴港や丹沢方面の眺望は素晴らしく、スケッチや写真撮影には絶好のポイントだ。

真鶴半島のほぼ全域が県立自然公園で、黒潮によって育くまれた松、クス、

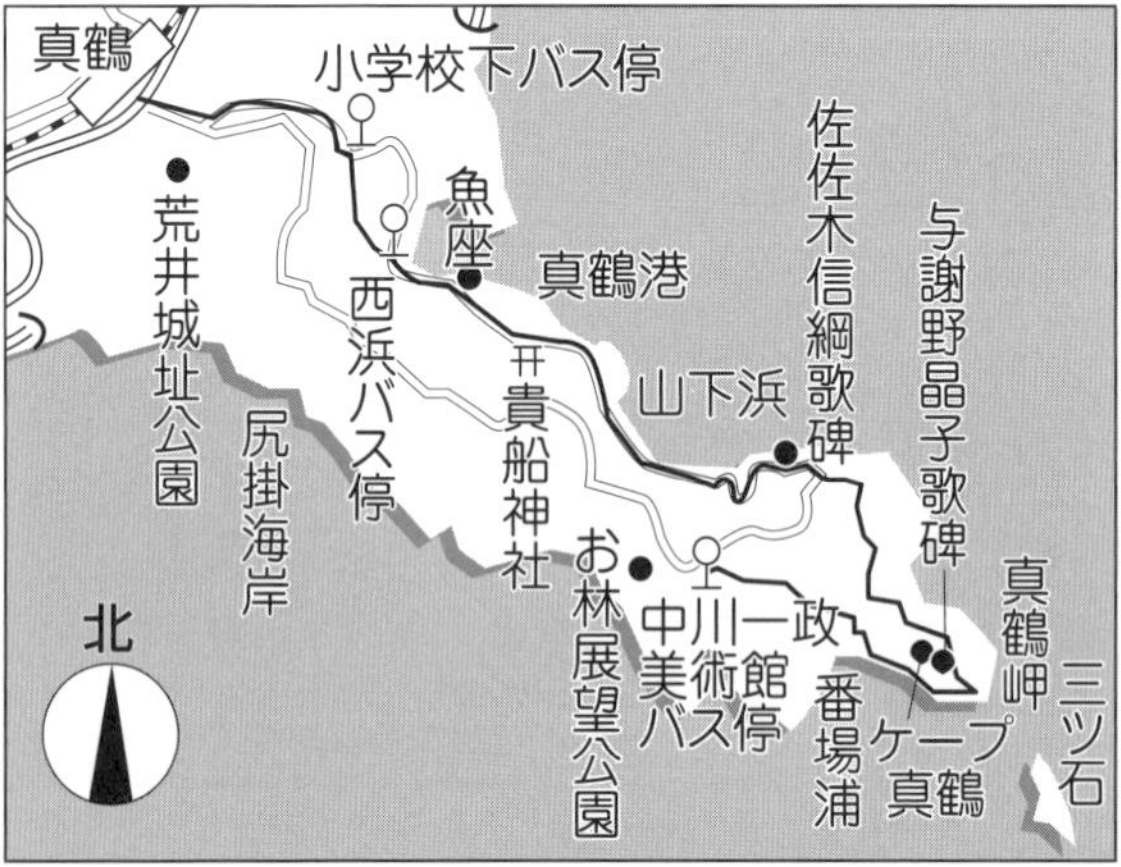

白波の立つ真鶴岬（三ツ石）

シイが大きく茂り、自然林を形成している。魚を集める役割を果たすこれらの樹林は、「魚付き保安林」に指定され、地元では「お林」と呼んで大事にしている。

ここには有名な歌人の碑が二つある。岬入口近くに佐佐木信綱「真鶴の林しづかに海の色の　さやけき見つつわが心清し」が、ケープ真鶴には与謝野晶子の「わが立てる真鶴岬が二つにす　相模の海と伊豆の白波」の歌碑が立つ。晶子の碑から階段を下ると三ツ石海岸に出る。三ツ石は正式名は笠島といい注連縄で結ばれ、周囲の景観にとけ込んで素晴らしい。さらに海岸沿いの歩道を番場浦へ進み、坂を上ると「真鶴岬」バス停。真鶴駅まで二十分ほどだ。さらに先の、県内でも珍しいクスノキの原生林の遊歩道を歩くと、中川一政美術館前の三差路に出る。ここからも真鶴駅までバスが出ている。

【見どころ】「美術館前」バス停で、時間があれば中川一政美術館や、近くのお林展望公園（旧サボテンランド）に立ち寄るとよい。ここには中川一政画伯のアトリエも再現されており、見学も可能だ。余力があれば半島の丘の道を行き、尻掛《しっかけ》海岸や荒井城址公園に寄るのもお勧め。歩いても一時間ほどだ。

（中川一政美術館☎0465―68―1128、お林展望公園☎0465―68―5501）

㉘ 幕山から南郷山へ

梅を楽しみ、頼朝ゆかりの地へ

▼湯河原町の北部に位置する幕山《まくやま》頂上は、一面草地で眺望が良い。さらに源頼朝の伝承が残る「自鑑水《じかんすい》」と南郷山を歩きます。

▽【地図】国土地理院地形図（二万五千）熱海、箱根

▽【コース】湯河原駅（バス12分）鍛冶屋（30分）幕山公園（60分）幕山（20分）自鑑水（30分）南郷山（60分）鍛冶屋（バス12分）湯河原駅

【徒歩】３時間20分

JR東海道線湯河原駅から箱根登山バス「鍛冶屋」行きで終点へ。正面一段上が五郎神社の社。

神社を後に舗装道を右へ進むと、南郷山への分岐を右に見て幕山へ直進。人家を通り抜け両側がミカン畑に囲まれると浄水場で、「幕山公園」に着く。付近の山すそ一帯は、約四千本の白梅・紅梅が植わり、二～三月には梅の宴《うたげ》が開催される。公園内には、家族連れで楽しめるアスレチック施設もある。

公園から道標に従い梅林の整備された

幕山山頂

幕山の斜面を上る。左手の岩場はロッククライミングの名所。梅林のジグザグ道を抜けると、雑木林。四阿を過ぎ登山路の勾配が増すと**幕山**の頂上だ。一面広いススキの原で、眺めは三六〇度。眼下に湯河原の街並みから相模湾、真鶴岬、南には湯河原城山、北には箱根。好天なら東に三浦から房総方面まで望める。

頂上から**南郷山**に向かおう。道標に従いススキの原の登山路を進む。大石ケ平への分岐（道標あり）は右に進む。白銀林道を渡り自鑑水への道標に従ってササ林と針葉樹林の中を進もう。**自鑑水**は源頼朝が石橋山の合戦で敗れ、落ち延びる途中に自害しようとした場所で、「自害

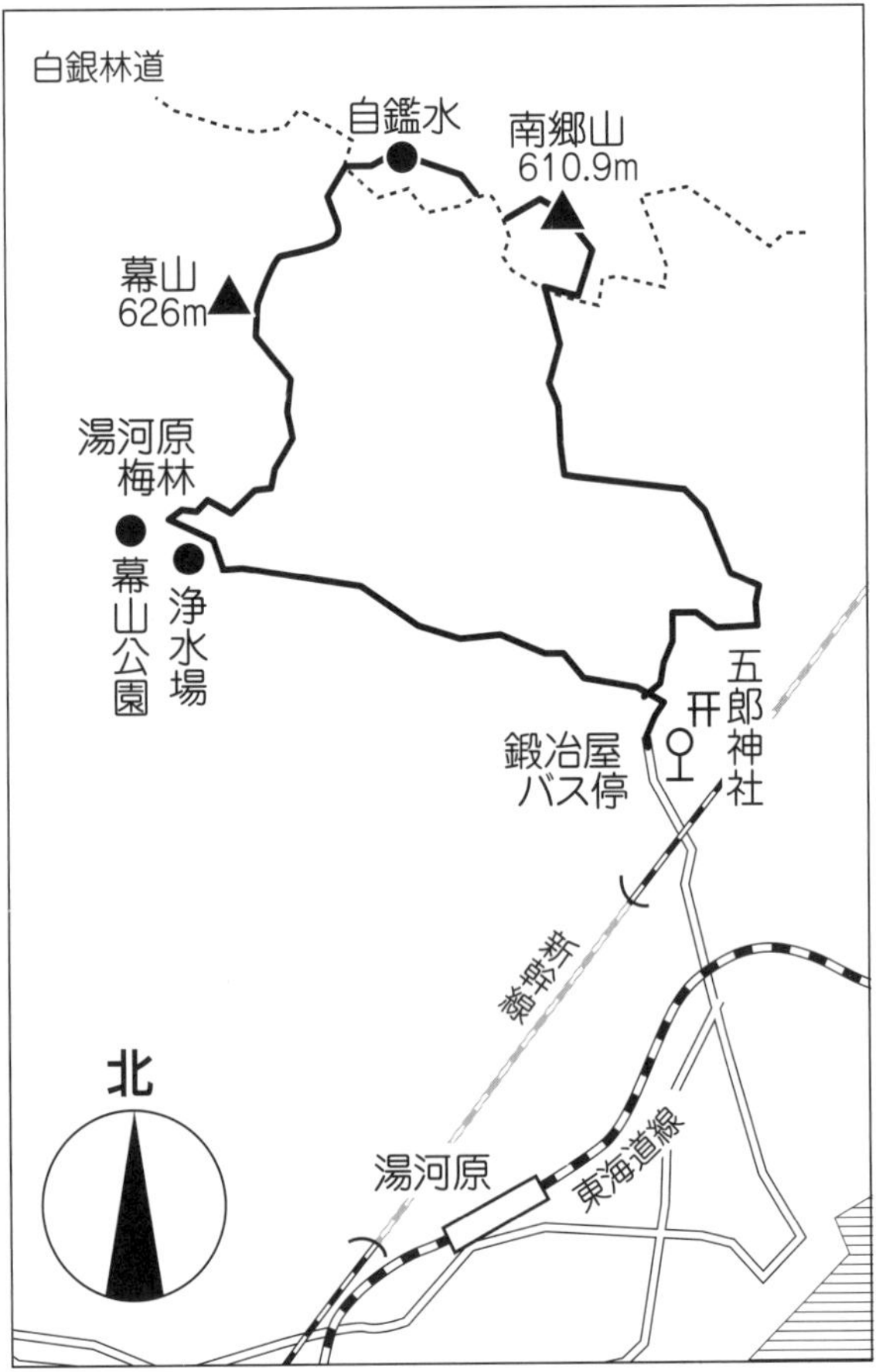
白銀林道
自鑑水
南郷山
610.9m
幕山
626m
湯河原
梅林
幕山公園
浄水場
五郎神社
鍛冶屋
バス停
新幹線
北
湯河原
東海道線

水」とも呼ばれる。少し大きな水たまりのようで、期待して行くと落胆するかもしれない。

再び白銀林道に合流し、左に進むと南郷山への分岐があり左へ。急な階段の道を上り、右に進むと**南郷山**。一面背の高いササに覆われているが、頂上付近だけはポッカリ空いている。周囲の山々もササに覆われ、箱根の山へ連なっている。南に下ると先の白銀林道に合流。右に折れて林道を進むと左手に下山路。眺望のないササ林の中で、ゴルフ場に沿って左に回り込む。舗装道から右に進むとミカン畑のコンクリート道。人家が現れると、鍛冶屋集落に合流する。行きに通った分岐を左に進むと、出発地の五郎神社でここから往路を**湯河原駅**へ戻る。

ハイキングの後は、湯河原温泉へ。㉙湯河原・城山の**【見どころ】**（145ページ）を参照。

㉙ 湯河原 城山

歴史のロマンを感じて歩こう

【徒歩】2時間30分

▼湯河原へ。土肥城趾城山からの景色は「神奈川新八景」の一つ。途中、石橋山に旗揚げした源頼朝が戦いに敗れ、隠れた「しとどの窟《いわや》」を歩きましょう。

▽【地図】国土地理院地形図（二万五千）熱海

▽【コース】湯河原駅（バス32分）しとどの窟バス停（しとどの窟往復（40分））（30分）城山（60分）城山学園（20分）湯河原駅

JR東海道線湯河原駅から元箱根行きのバスで「しとどの窟」バス停で下車。この付近は、「かながわの景勝五〇選」に選ばれた「椿台《つばきだい》」で、奥湯河原温泉と大観山を結ぶ椿ラインの中間にある小高い台地。椿ライン沿道には数多くのツバキが植えられており、二月から四月にかけてが見頃である。

椿台から林道をしばらく進んで城山隧道を抜けると、**しとどの窟入り口**だ。参道には弘法大師の石仏など数多くあり、源頼朝がわずかな従者と数日間隠れたと

しとどの窟

される窟がある。薄暗い内部には観音像が多数安置されている。見学したら椿台まで戻り、石畳の一本道を城山へ向かう。

城山頂上には、土肥城趾の石碑と四阿があり、展望は良好だ。間近には幕山《まくやま》、背後には大観山《だいかん》、鞍掛山《くらかけ》から十国峠に連なる箱根の山々が見渡せ、前方には相模湾と真鶴岬が一望できる。ツツジ（見頃は五月）やアジサイ（六、七月）が数多く植えられている。頂上から**湯河原駅**方面へ十分ほど下ると、見通しのよい尾根に、一面芝生の敷き詰められた広いピクニックランドに着く。四阿とトイレも設置されていて、大勢での休憩も可能だ。

快適な尾根を下るとさらに大きな真鶴

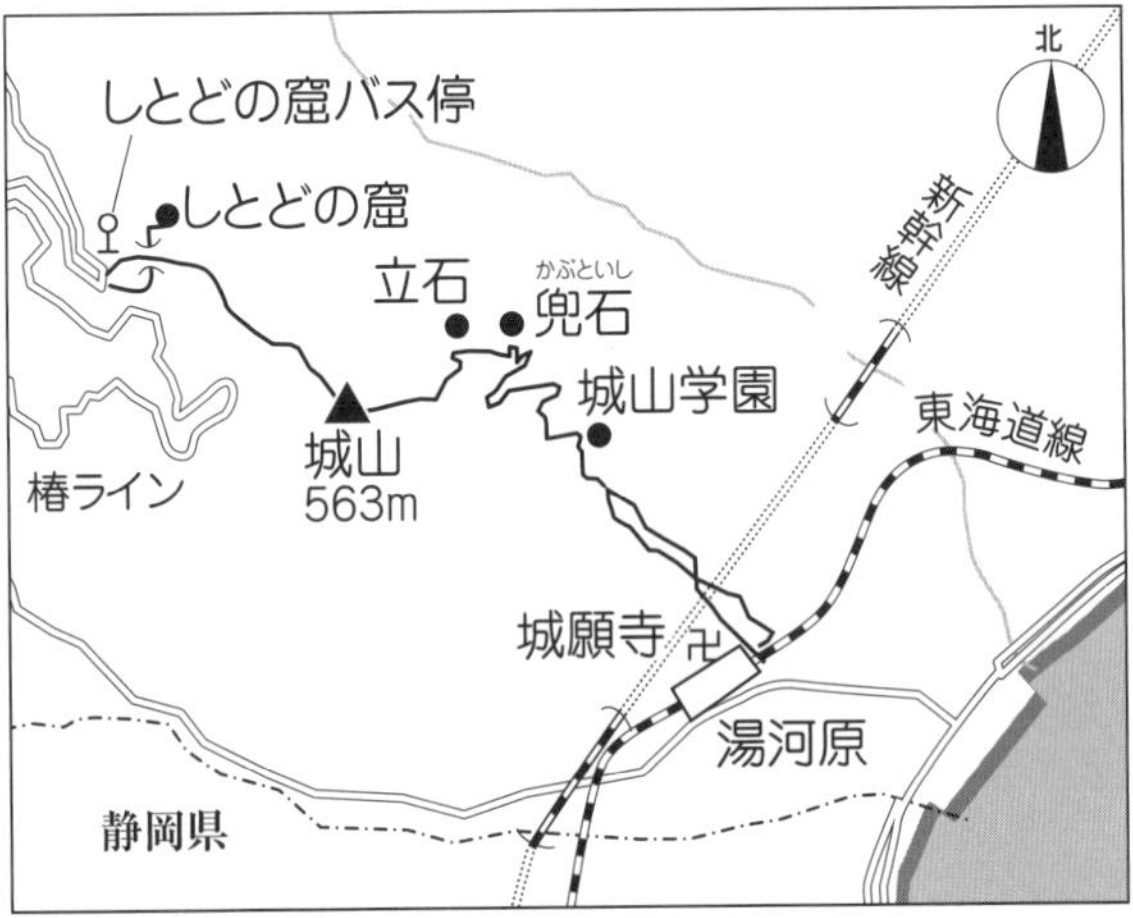

城山頂上にある土肥城趾の碑

岬が見えてくる。登山道に沿ってアジサイが左右に植えられ「アジサイの里」と呼ばれている。登山道は林道を数個所横切って下るが、途中頼朝にちなむ「立石」や「兜《かぶと》石」もあり楽しめる。両側がミカン畑となり**城山学園**を過ぎると、道は急坂となり、人家が多くなる。**湯河原駅**まではほぼ一本道で、迷うことはない。

【見どころ】 時間があれば、終点の湯河原駅の手前で**城願寺**へ。土肥一族の墓、頼朝七騎像のある七騎堂のほか、樹齢八百年のビャクシン（柏槇）などがある。

ハイキングの後は、湯河原駅から奥湯河原方面行きのバスに乗り（十五分）、足湯施設**「独歩の湯」**（落合橋下車）か、日帰り入浴のできる町営温泉**「こごめの湯」**（公園入口下車）で一日の疲れを癒やすのもお勧め。

（**独歩の湯**☎0465―64―2326）

（**こごめの湯**☎0465―63―6944）

㉚ 矢倉岳から足柄峠へ

「天下一の富士」を存分に楽しむ

【徒歩】3時間50分

▼足柄平野を囲む山々で、ボタモチのような姿でひときわ目立ち、時に金時山に間違われるのが「矢倉岳」。また「足柄峠」近くには、万葉集でうたわれた植物や歌碑のある足柄万葉公園もあります。矢倉岳から足柄峠へ抜けてみましょう。

▽【地図】国土地理院地形図（二万五千）関本

▽【コース】大雄山駅（バス10分）矢倉沢バス停（30分）農道終点（80分）矢倉岳（80分）足柄峠（40分）地蔵堂バス停（バス20分）大雄山駅

伊豆箱根鉄道大雄山駅から地蔵堂方面行きのバスに乗り「矢倉沢」バス停で下車。内川を渡り、道標に沿って白山《はくさん》神社へと進む。人家が途切れるとミカン畑が現れ、曲がりくねった坂や急坂に設置された猪防護用の門扉を通過し（開けたら閉めること）、さらに上ると農道は終わり、頂上まではっきりした一本道が続く。ミカン畑から、杉、ヒノキ林の細い山道になるとほどなく金網のフェンスに囲まれた場所に出る。ここは以前、潅漑《かんがい》用水のタンクがあったが撤去されて今はな

矢倉岳頂上から見た富士山

い。ジグザグに松林を抜けると、低木の尾根の急坂だ。頂近くは砂地で滑りやすくなるが、要所に階段や転落防止のロープなどが設けてある。

頂上は広いススキの草原。天気が良ければ昼寝するのもいい。眺めは雄大で、間近に見る富士はいうにおよばず、金時山をはじめ箱根のすべての山並みと、眼下には足柄平野、小田原の街並み、さらには相模湾が手に取るようだ。**足柄峠**への下り道は頂上直下が急斜面で滑りやすいが、慎重に下れば問題はない。正面に西丹沢の山並みが飛び込んできて、やがてほぼ水平になった一本道を四十分ほど進むと足柄万葉公園に到着。今回のもう

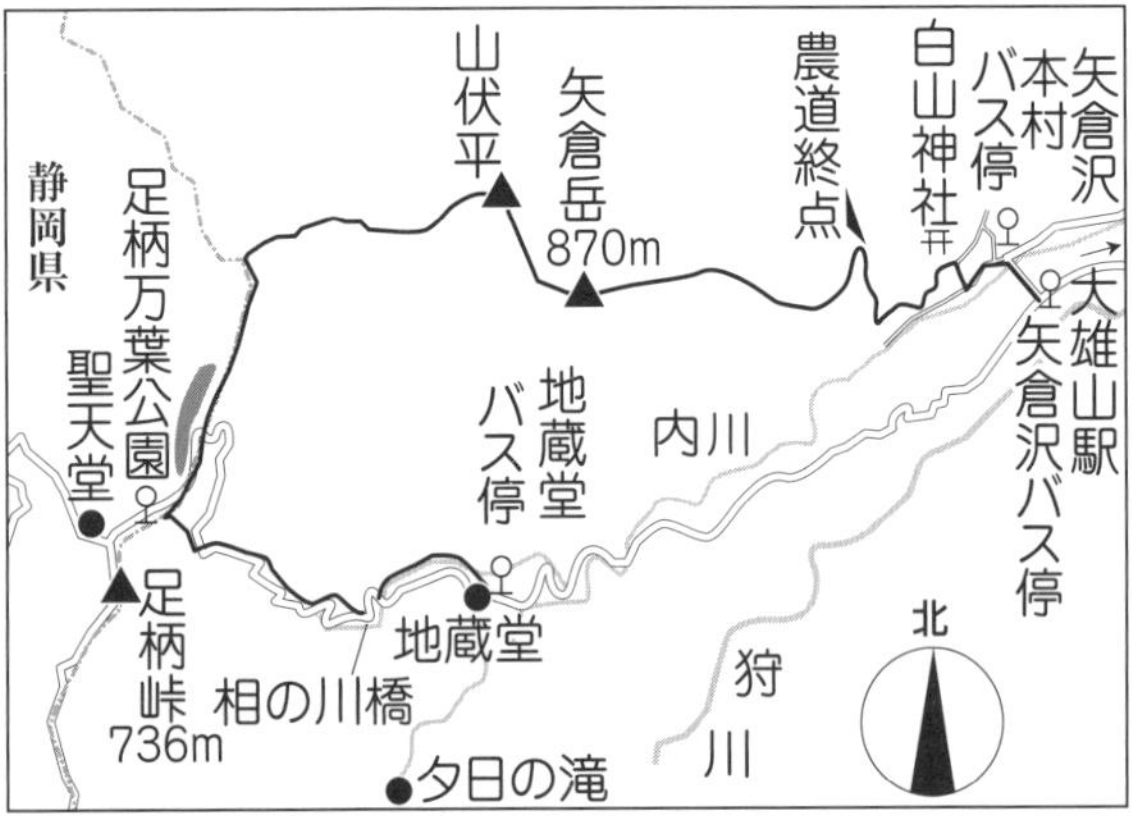

足柄万葉公園から眺める矢倉岳

一つの目的地「**足柄峠**」は、**矢倉岳**より一層大きな富士を眺めることができる天下一の富士の展望台でもある。

峠を後に県道に沿った足柄古道を下山する。途中で近年拡幅された県道に合流して相の川橋、地蔵堂桟道橋を渡り、一気に下ると終点の**地蔵堂**に着く。足柄峠から地蔵堂への下りで疲れた場合は、「足柄万葉公園」からバスを利用できる。土・日・休日のみの季節（四月から五月、十月から十一月）運行。本数が少ないので前もって時間を調べておこう。地蔵堂から出発点の**大雄山**まで戻る。

【見どころ】 地蔵堂で時間と余力があれば、金太郎が産湯につかったといわれる「**夕日の滝**」（高さ一五メートル）へ。地蔵堂からは往復一時間ほど。途中「金太郎遊び石」もある。

㉛

明神ケ岳から明星ケ岳へ

どっしり雄大な山々を歩く

【徒歩】4時間40分

▼「道了尊」の名で有名な大雄山最乗寺から明神ケ岳、明星ケ岳を歩きます。明神ケ岳はなだらかな大きなすそ野をもち、どっしりとした山。明星ケ岳は盆の送り火の大文字で有名です。

▽【地図】国土地理院地形図（二万五千）関本、箱根

▽【コース】大雄山駅（バス10分）道了尊バス停（60分）見晴《みはらし》小屋（30分）神明水（60分）明神ケ岳（70分）明星ケ岳（60分）宮城野橋バス停（バス40分）小田原駅

伊豆箱根鉄道大雄山駅からバスで「道了尊」へ。道了尊は最乗寺（曹洞宗）が正式名称。一三九四（応永元）年に創建され、福井の永平寺や鶴見の総持寺に次ぐ格式の寺として知られる。参道には樹齢五百年以上の杉並木（県天然記念物）が続く。土産物屋の並ぶバス停から石段の参道を進み、本堂手前、赤い大下駄《げた》のある横の明神橋が登山道の始まり（大雄山には天狗《てんぐ》が履いていたという下駄が多く奉納されている）。

登山の前に本堂に立ち寄り（往復五分

大雄山の赤い大下駄と明神橋を渡る登山者

程度）、安全を祈願していこう。杉林をひと上りすると、十二体の石仏が迎えてくれる。その後、二本の林道を横切って無人の**見晴小屋**に着く。ここで見る足柄平野や丹沢の眺めが素晴らしい。錆びた鉄塔が見える頃からススキの原となり、快適な上りが楽しめる。この原を上り詰めると**神明水**に着く。のどを潤せる尾根上唯一ともいえる水場だが、冬期は水が細くなる。ここからは低木の中にブナなどの交じる樹林帯で、ブナなどの広葉樹の中を進むとわずかな上りで、クマザサの原となり視界が開けてくる。

振り返ると開けた視界に相模湾や丹沢山塊が見渡せる。最後の急な坂を上りき

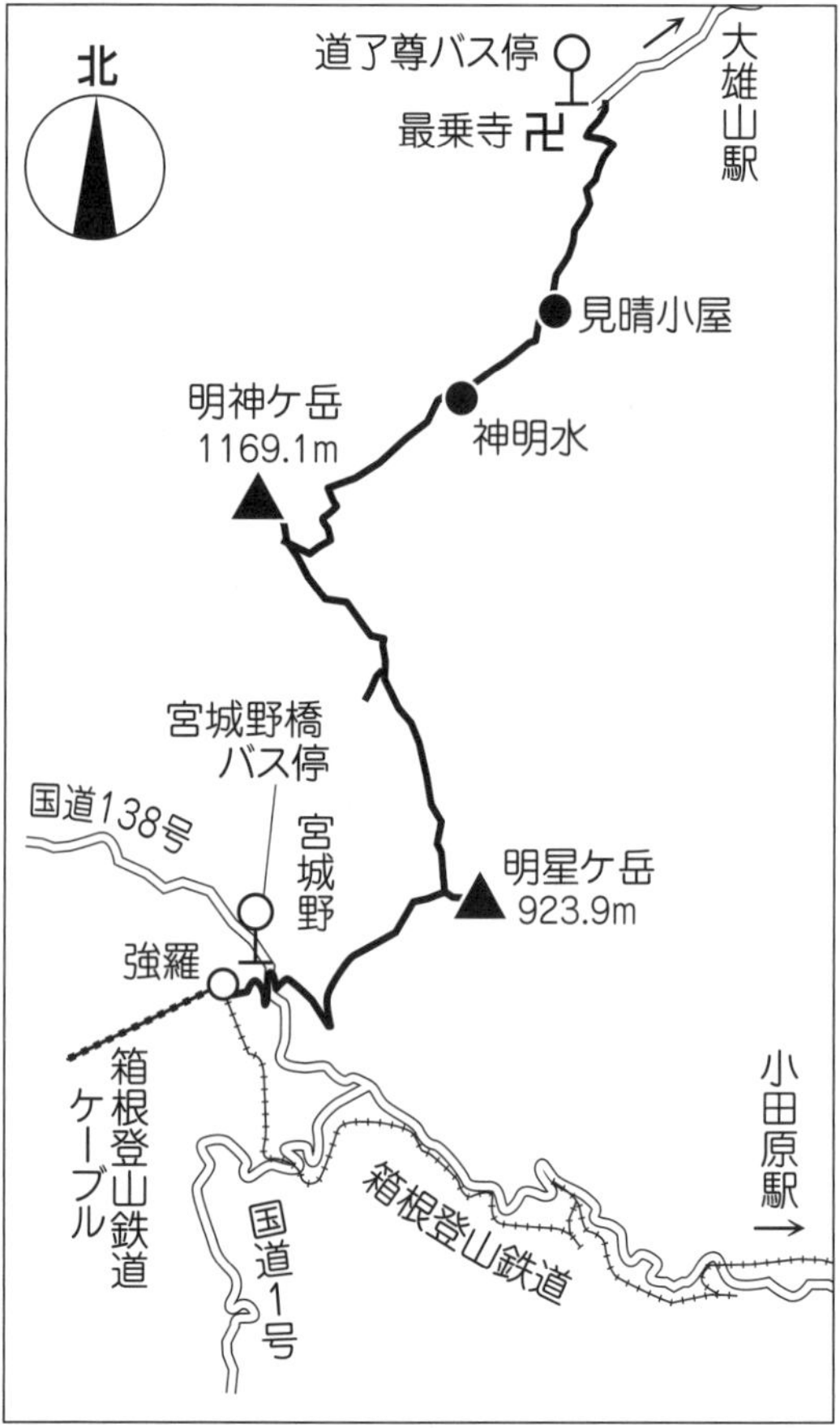
北
道了尊バス停
最乗寺
大雄山駅
見晴小屋
明神ケ岳
1169.1m
神明水
宮城野橋
バス停
国道138号
宮城野
明星ケ岳
923.9m
強羅
箱根登山鉄道
ケーブル
小田原駅
箱根登山鉄道
国道1号

り、頂上直下の尾根に出ると一気に視界が開け感動する。正面には神山や駒ケ岳、さらに強羅、宮城野の街が目に入る。特に**明神ケ岳**頂上から見る富士の姿は一段と大きく、あえいで上った苦労も報われる。富士の手前には尾根上に金時山、乙女峠の山並みが続く。

南にある明星ケ岳へは、長い坂道を下りきった後は、眺めのよいササの原の快適な道を小刻みに上り下りを繰り返す。振り返ると、先ほど歩いた明神ケ岳の大きな山容が印象的だ。**明星ケ岳**頂上は、やや背の高いササ林の中にあって眺望は利かない。下山は主尾根を戻り、大文字焼きの「大（一辺の現地の長さは一〇八メートル）」の字の横を通る。後は一気に宮城野まで下り、箱根老人ホーム前を通って国道沿いの**「宮城野橋」**バス停へ下る。

時間があれば**宮城野の宮城野温泉会館**や**勘太郎の湯**などで、汗を流すのもいいだろう。

【見どころ】「箱根の大文字焼き」は、うら盆の送り火として毎年八月十六日に行われる。花火を合図に火が点火され、「大」の字が夜空に赤く浮かび上がる。

（宮城野温泉会館☎0460—82—1800）

（勘太郎の湯☎0460—82—4477）

丹沢

㉜ ヤビツ峠から三ノ塔へ

富士山と湘南の海も遠望

【徒歩】3時間30分

▼丹沢尾根縦走コース（ヤビツ峠〜塔ノ岳）のうち、人気のある三ノ塔までを紹介します。

▽【地形図】国土地理院地形図（二万五千）秦野、大山

▽【コース】秦野駅（バス48分）ヤビツ峠バス停（20分）富士見橋（70分）二ノ塔（15分）三ノ塔（三ノ塔尾根50分）牛首（55分）大倉バス停（バス14分）渋沢

小田急線秦野駅から「ヤビツ峠」行きの神奈川中央交通バスで終点へ。本数が少なく、濃霧運休もあるので事前に確認して。ヤビツ峠には立派な水洗トイレがある。

峠から北西へ下る車道を行き、富士見橋を渡ると、右手に富士見山荘（残念ながら富士は望めない）。左手の林道に入るが、そのまま車道を三分ばかり行くと、このコース唯一の水場「護摩《ごま》屋敷の名水」があるので、水の補給をしていくのも良い。元に戻り、三ノ塔を目指し進むと、

とんがり屋根の無人休息小屋（三ノ塔）

五分ほどで山道に入る。単調な雑木林の階段歩きが続くが、約三十分ほどで雑木を抜けて明るくなり、振り返ると大山が大きく見える。さらに視界が開ける道を、登り詰めると**二ノ塔**頂上。ベンチがあり行く手には三ノ塔がどっしり構えている。コースはいったん下り、少し上り返すと**三ノ塔**に着く。とんがり屋根の無人の休息小屋があり、荒天時には助かる。眺望は三六〇度。前方には塔ノ岳を主峰とする表尾根や、丹沢、富士、愛鷹、箱根も一望の下だ。眼下には、かつてタバコの三大生産地として名をはせた秦野盆地と、遠くに湘南の海も望める。

景色と涼風を味わった後、南に延びる

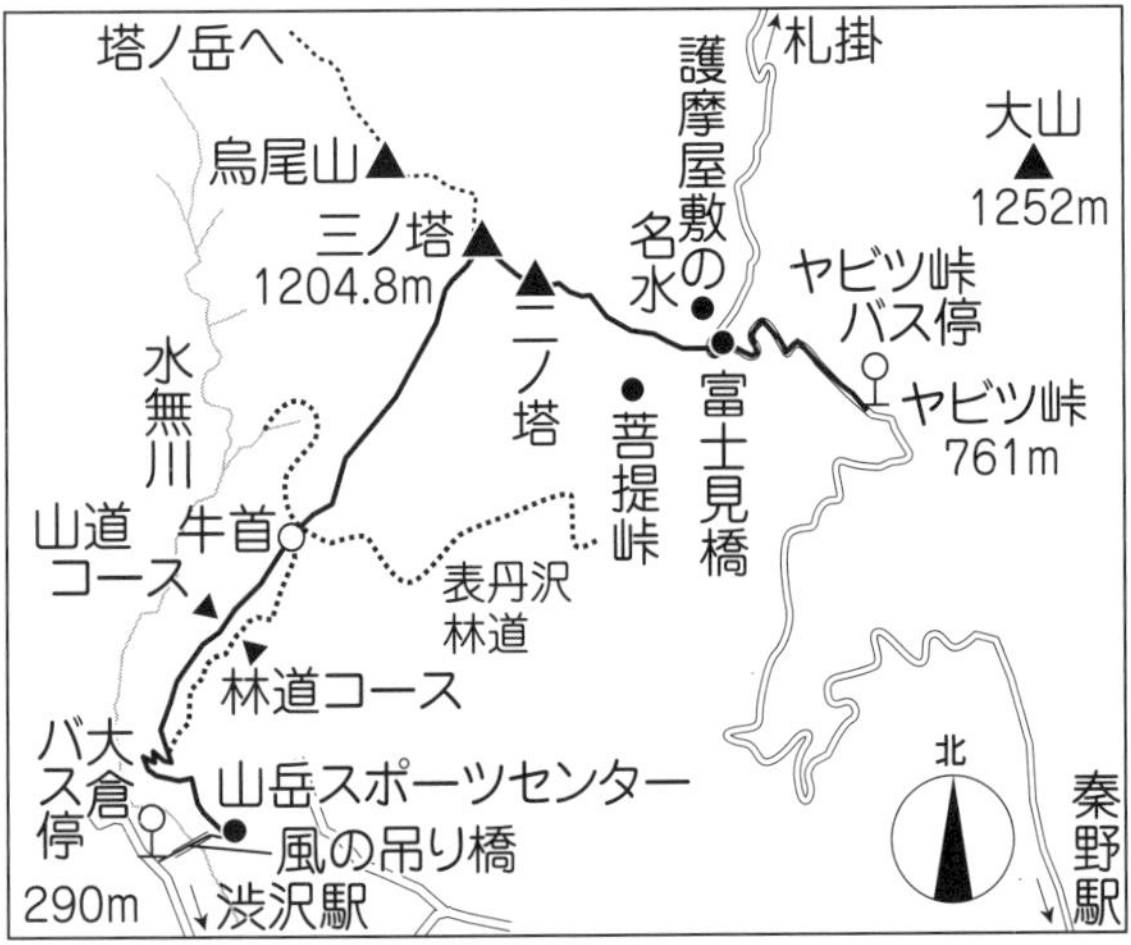

三ノ塔尾根を大倉へ向かう。途中、牛首までは階段が多い針葉樹林帯だが、一部は間伐され明るい。

牛首で表丹沢林道を横切ると、道は山道コースと、単に急な林道コースに別れるが、時間的にはほぼ同じ。牛首から約四十分で県の山岳スポーツセンターに着く。水無川に架かる「風の吊《つ》り橋」（長さ二六七メートル、高さ三五メートル）を渡ると秦野ビジターセンターのある「**大倉**」バス停。バスは渋沢駅までかなり頻繁にある。

大倉から見た「風の吊り橋」と
三ノ塔（左）と連なる二ノ塔（右）

【見どころ】 大倉周辺は県立秦野戸川公園として整備され、公園のシンボル「風の吊り橋」を中心に「**秦野ビジターセンター**（丹沢の自然やコース紹介、自然教室を行っている）」や、「**山岳スポーツセンター**（人工のクライミングウォールもあり、登山の研修や合宿に利用できる。一般の利用も可能）」がある。

（秦野ビジターセンター☎０４６３―８７―９３００）

（山岳スポーツセンター☎０４６３―８７―９０２５）

33

高取山から聖峰へ

富士の雄姿と相模平野の眺望

【徒歩】２時間50分

▼今回は、秦野から伊勢原への尾根を越す里山めぐり。高取山手前では富士山の勇姿が、聖峰《ひじりみね》では大きく広がる相模平野の眺望が期待できます。

▽【地図】国土地理院地形図（二万五千）秦野、伊勢原

▽【コース】秦野駅（バス12分）東中学校前バス停（30分）東京カントリー・クラブハウス下（40分）高取山（30分）聖峰（聖峰不動尊）（50分）比々多《ひびた》神社（20分）神戸バス停（バス８分）伊勢原駅

小田急線秦野駅から蓑毛《みのげ》方面行きバスで「東中学校前」へ。バス停先の東京カントリー倶楽部入り口を右に折れ直進。寺山の集落を過ぎると左手に大山が間近に迫る。ゴルフ場コース課と書かれた分岐を右に見送って直進し、**クラブハウス**下の曲がり角右手にある「ハイキング道路」の道標を右へ。階段を下り、左の急坂を、クラブハウスを左に上るとコース脇道に出る。

正面の高取山目指し坂道を、しばらくゴルフ場施設を縫って進む。上りきると

ゴルフ場横を上って、振り返って見る富士

道標がある。ここから見る富士は丹沢の山々と絶妙に調和し、絵のようだ。ここでゴルフ場と別れ、鉄の扉を開けて進む(必ず閉めよう)。周囲はイノシシ除けの電線が張り巡らされており、触れないように注意。最初の分岐を道標に従い左に進むと、山に上る分岐があるので扉を開け(終わったら閉める)、右の坂を上る。雑木林を進むと、電波塔の建物のあるところが**高取山**頂上だが、周囲の眺望はわずか。

聖峰へは南の弘法山方面への道を下る。十分ほど先の道標で左に折れ、段差の大きい階段を下りきる頃から針葉樹の林となり、これを抜けたところが**聖峰**の

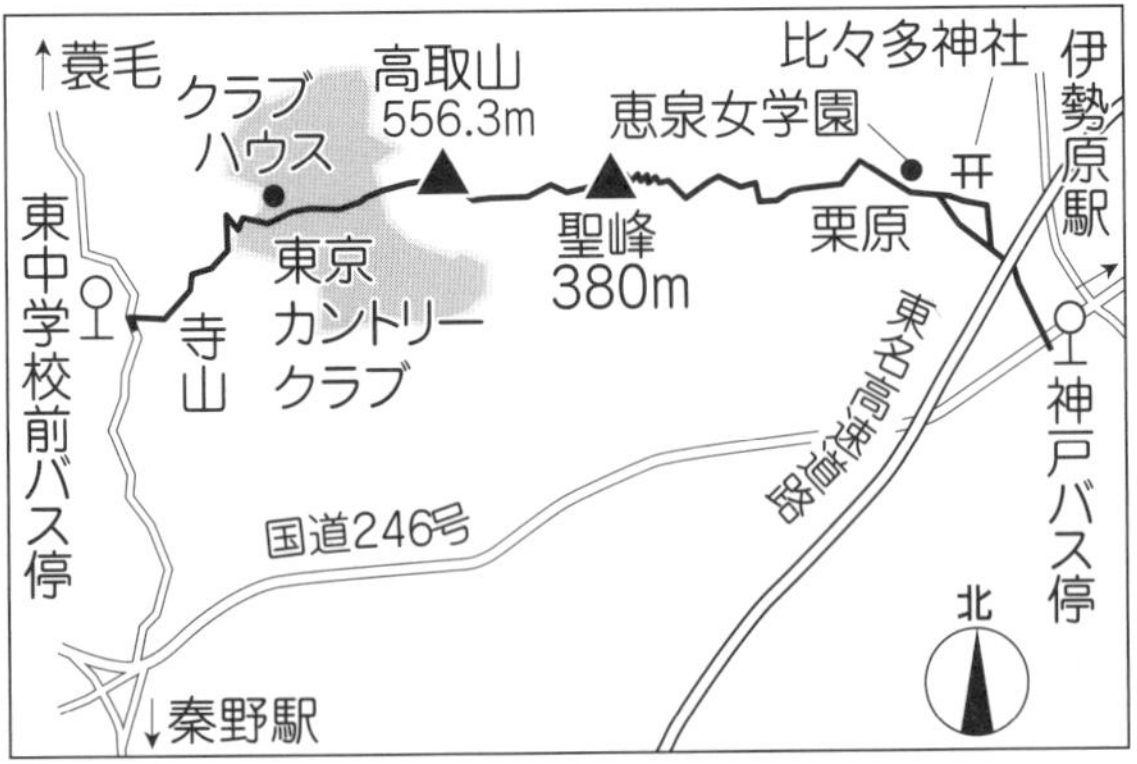
↑蓑毛
クラブハウス
高取山
556.3m
比々多神社
伊勢原駅
恵泉女学園
聖峰
380m
栗原
東中学校前バス停
寺山
東京カントリークラブ
東名高速道路
神戸バス停
国道246号
北
↓秦野駅

長寿・安産・足腰
聖峰不動尊
聖峰
聖峰不動尊

聖峰山頂の聖峰不動尊

頂上。聖峰不動尊の社があり南側が大きく開け、標高わずか三八〇㍍《メートル》だが素晴らしいパノラマが広がる。眼下に伊勢原の市街が、その先には湘南平、江の島、横浜ランドマークタワー、新宿副都心など。条件が良ければ遠く伊豆大島や利島までが見える。

南に延びる「参道九十九曲がり」を下山する。付近は桜の木が多い。女坂との合流点に「山の神社」の石碑もある。道標に従い、下りて右折すると舗装道路に出る。ミカン畑の中の道を進むと「坪の内」バス停への分岐となるが、直進し相模三ノ宮の「カラクリ人形の山車《だし》」で有名な比々多神社に寄ろう。保国寺《ほうこくじ》（曹洞宗）前を栗原方面に向かう。

次の丁字路で右に折れ、栗原大橋を渡り、恵泉女学園の先の分岐を左に進むと樹木の生い茂る**比々多神社**だ。豊国主尊《とよくにぬしのみこと》（国土創建の神）と、酒解神《さかとけのかみ》（酒造りの神）が祭られている。神社正面を左に曲がり「比々多神社」バス停を過ぎ東名高速道路の地下道を通ると、一本道の参道が国道２４６号の比々多信号まで続く。国道を左に進むと**「神戸」バス停**で、神奈中バスで**伊勢原駅**に出る。

㉞

渋沢丘陵

「震生湖」を訪ね、丹沢を展望

【徒歩】2時間

▼「丹沢の展望台」である渋沢丘陵へ。秦野盆地と背後に続く丹沢の山々を眺望し、あわせて関東大地震で誕生した日本で一番新しい自然湖「震生湖」を訪ねます。

▽【地図】国土地理院地形図（二万五千）秦野

▽【コース】秦野駅（10分）太岳院・今泉名水桜公園（20分）白笹稲荷神社（20分）震生湖（15分）浅間台（25分）栃窪会館（30分）渋沢駅

小田急線**秦野駅南口**から駅前正面の広い道路を進み、突き当たったら右へ折れ少し行くと、**太岳院**（曹洞宗）に着く。寺の脇に秦野盆地最大級の湧《ゆう》水量を誇る「今泉湧水池」があり、**今泉名水桜公園**として整備されている。**震生湖**への道標を確認し、住宅地を抜け、今泉神社付近のバス通りを左に折れると右に南公民館を見て、南小学校に突き当たる。

学校の西側を回り込み、白笹橋を渡るとその先、左側が関東三大稲荷の一つ「**白笹稲荷神社**」の大鳥居。桜並木の参道が

渋沢丘陵から秦野市街越しに丹沢表尾根を望む

続き、春には花見客、また二月の初午《はつうま》には多くの参拝者でにぎわう。神社を参拝したら鳥居に戻り左に折れ、住宅地を抜けると県道で、白笹稲荷入口の信号を渡り直進する。舗装された緩やかな上り坂が続き、振り返ると足元に秦野盆地と、背後には表丹沢の山々が大きく広がっている。左から鍋割山、塔ノ岳、表尾根の新大日、烏尾山、三ノ塔、二ノ塔、大山が手に取るようだ。

やがて広い道に突き当たるので、右に曲がり進むと左にゴルフ練習場が現れ、その先で左に下る道を進むと、正面が**震生湖**だ。湖ではボート遊びや釣りができ、湖畔には弁財天の社や遊歩道があり、ト

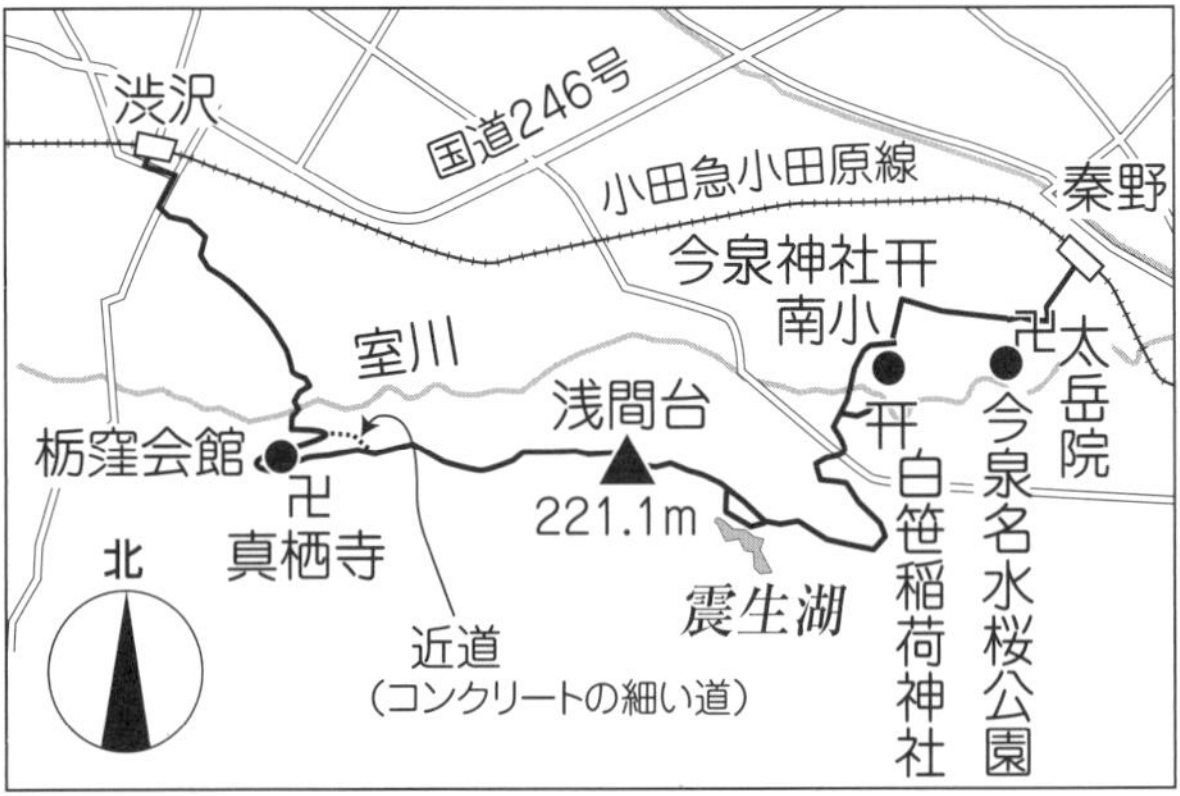

震生湖（周囲約１㎞、最大水深10m）。魚や野鳥が多く生息する

イレ、休憩所も整備されている。湖畔には、理学博士・故寺田寅彦が地震調査に訪れた際詠んだ「山さけて、成しける池や水すまし」の句碑もある。湖畔からは西側の斜面を上り「震生湖」バス停に出る。ここも丹沢のパノラマが素晴らしい。車道を左に進み、百メートル先で車道と分かれ、通信アンテナを右に見て雑木林の道を進む。ほとんど高低のないコースで、小高い**浅間台**や、向山配水池を見ながら、林やミカン畑が点在する道をのんびり歩く。

　栃窪スポーツ広場を過ぎると間もなく栃窪の集落。左に真栖《しんせい》寺（曹洞宗）を見て**栃窪会館**に着く。右側の急カーブを曲がり川久保橋を渡り、渋沢の住宅地を北西方向へと進む。途中、渋沢テニスクラブを過ぎて、八百メートルほど進むと県道に出るので右に折れ北へ。渋沢交番で左に曲がると、小田急線**渋沢駅**に着く。

　なお、栃窪スポーツ広場から栃窪方面に向かうと五十メートルほど先に、右側のガードレール脇を下るコンクリートの細い道がある。これは案内コースの近道で、五〜十分短縮できる。急ぐ方にはお勧め。

㉟ 弘法山から鶴巻温泉へ

石仏が並ぶ東海道の脇往還

【徒歩】2時間30分

▼ゴールに温泉を設定してみました。小田急線の鶴巻温泉駅と東海大学前駅の間で、北側の車窓から見える小高い丘陵が、弘法山から鶴巻温泉へ続く山道。弘法山は「かながわの景勝五〇選」の一つでもあります。

▽【地図】国土地理院地形図（二万五千）秦野、伊勢原

▽【コース】秦野駅（50分）権現山（15分）弘法山（25分）善波峠（40分）吾妻《あづま》山（20分）鶴巻温泉駅

小田急線**秦野駅**で下車し、駅舎の北側から右手前方、頂上に展望台の建物が見える山が権現山だ。駅前の水無川沿いに東に向かって進み、新常盤橋を左へ、河原町交差点先の右側に弘法山公園入口の看板がある。小さな橋を渡り、急な坂を上ると浅間山だ。さらに車道を横断して、階段の山道を上ると**権現山**に着く。頂上はよく整備されており、一角には先ほど見えた公園展望台がある。眼下に大きく広がる秦野盆地や、大山など丹沢の山並みが眺望できる。権現山を後に、直下の

弘法山頂上のつるべ井戸

階段を下ると、戦前近隣の農家の人がここで草競馬を楽しんだという平らな馬場道だ。この先は**弘法山**の頂上まで続く見事な桜並木があり、シーズン中多くの花見客でにぎわう。頂上には乳の井戸、鐘楼、弘法大師像のある大師堂がある。

鶴巻へはゆったりとした下りの尾根で、左手には北側に向かって大山へ続く「野菊と信仰の道」の大山南尾根が長く横たわる。途中、「矢倉沢往還」の**善波峠**へ寄ってみよう。往還とは街道のこと。善波峠は東海道の脇往還として発達した。善波峠分岐から峠までは三～五分で着く。峠は切り通しになっていて、峠越えの安全を見守る小さな石仏や御夜燈《おんやとう》が並んで

ハイカーの利用者も多い鶴巻温泉「弘法の里湯」

おり、かつての面影を今に伝えている。

再び分岐に戻り、樹林の間を上り下りすると樹林に覆われた**吾妻山**休憩所に着く。

最後の眺めを楽しんだ後、山道を下ると石造の道標があり右に折れる。やや急な坂道を下ると人家が現れ、舗装道となる。東名高速道路のガードをくぐり、温泉街を抜けると**鶴巻温泉駅**だ。時間があれば、今日一日の汗を流すのもよい。

【見どころ】 権現山から弘法山の尾根道の左下にある**「めん羊の里」**は羊の牧場。放牧飼育されており、運がよければ羊と対面できる。鶴巻温泉周辺には日帰り温泉も多い。二〇〇一（平成十三）年にオープンした秦野市営**「弘法の里湯」**も利用できる。（弘法の里湯☎0463−69−2641）

めん羊の里で遊ぶ羊たち

㊱ 塔ノ岳

長丁場で満喫、丹沢の尾根歩き

【徒歩】６時間40分

▼神奈川の屋根「丹沢」の代名詞ともなっている塔ノ岳を、ふもとの大倉から歩きます。長い尾根を歩き、たどり着いた頂上での眺望は疲れを吹き飛ばしてくれます。今回は登山コース、歩行時間も長いので、体調を整え早出しましょう。

▽【地図】国土地理院地形図（二万五千）大山、秦野

▽【コース】渋沢駅（バス15分）大倉バス停（30分）観音茶屋（20分）大倉高原山の家（15分）見晴茶屋（40分）駒止茶屋（60分）花立山荘（15分）金冷《きんひや》シ（20分）塔ノ岳（10分）金冷シ（20分）二俣分岐（80分）二俣（90分）大倉バス停（バス14分）渋沢駅

小田急線渋沢駅北口から神奈中バスの「大倉」行きで終点へ。周辺は一九九八（平成十）年の国体にあわせ整備され、秦野ビジターセンター、山岳スポーツセンターなどが建設された。周囲は戸川公園となり、かつての山村の面影はすでにない。大倉尾根（大倉と塔ノ岳を結ぶ、標高差千二百㍍、苦しい上りが続くことから通称「バカ尾根」）に向かう。バス

塔ノ岳頂上から北側を望む
（中央左蛭ケ岳、中央不動ノ峰、右端尊仏小屋）

停から右に進み集落を過ぎ、国定公園の碑標示板を左へ。「**観音茶屋**」先の分岐で左へ進む。「**大倉高原山の家**」前を通る見晴らしの良い道で、秦野市街全体から湘南海岸まで見通せる。この先は松林とササが生い茂る快適な尾根歩きが楽しめる。「**見晴茶屋**」を過ぎて、木道《もくどう》を上り、一本松を経て松林を抜けると「**駒止茶屋**」。眺めが良く、西側に富士山、東側には表尾根が目に入る。ササに覆われた狭い尾根道を下り、再び上るとベンチのある「堀山の家」に着く。

ここから大倉尾根の階段上りが本格的に始まる。以前は草地の尾根道だったが、登山者が急増したため荒廃が進み、窮余

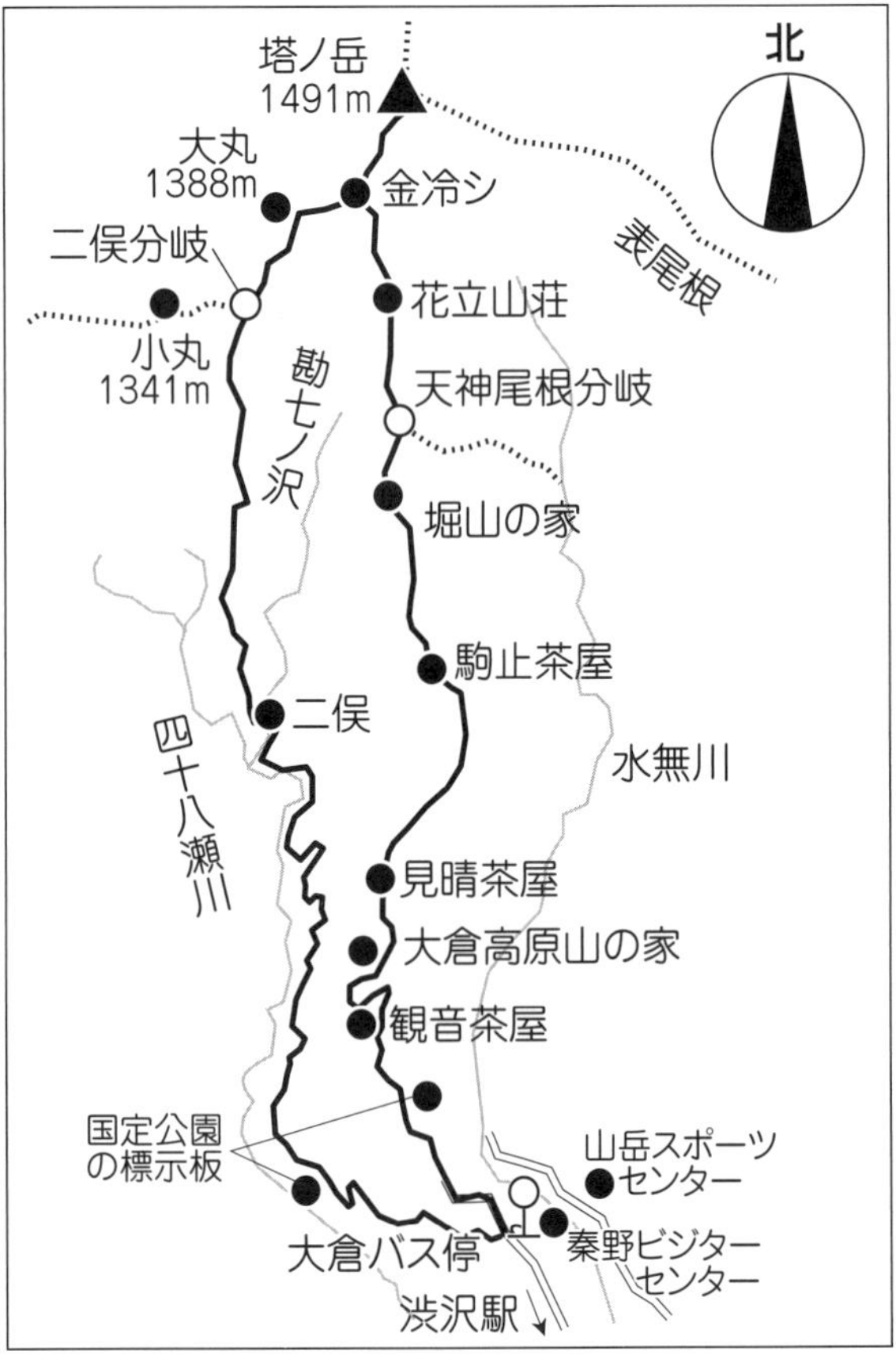

北
塔ノ岳
1491m
大丸
1388m
金冷シ
二俣分岐
小丸
1341m
表尾根
花立山荘
勘七ノ沢
天神尾根分岐
堀山の家
駒止茶屋
二俣
四十八瀬川
水無川
見晴茶屋
大倉高原山の家
観音茶屋
国定公園
の標示板
山岳スポーツ
センター
秦野ビジター
センター
大倉バス停
渋沢駅

の策で今の階段になった。急で長いから、ゆっくり上ろう。荒廃した尾根道の両側に広葉樹が植えられ、やがて水無川戸沢への天神尾根分岐に出る。道を外さないように中央の階段を進むと「**花立山荘**」。

ひと上りの後、両脇の切り立った狭い尾根を下ると**金冷シ**に着く。右に進み**塔ノ岳**頂上に着く。頂上は広く、公園風に整備されている。景色は丹沢一といわれ、西丹沢の背後にそびえる富士山を筆頭に北に向かって檜洞丸《ひのきぼらまる》、蛭ケ岳、丹沢山の稜線、東には表尾根、大山、南は秦野市街、相模平野、湘南海岸、三浦、房総と三六〇度の展望だ。古くから信仰の山としてにぎわい、頂上中央部には「狗留尊《くるそん》仏《ぶつ》如来」が祭られ、毎年尊仏祭りが開かれる。丹沢でも数少ない年中無休（宿泊可）の尊仏山荘もある。夜景や御来光は素晴らしく、ぜひ宿泊をお勧めしたい。

帰途は鍋割山稜へ。金冷シまでいったん下り、分岐を右へ。大丸を経て**二俣分岐**に着く（この山稜はブナ林が健在で、新緑や紅葉は見応え十分）。分岐を左に折れ標高差八百《メートル》を下る。林道に着いたら左に進み、勘七ノ沢を横切ると**二俣**。西山林道を四十八瀬川沿いに四《キロ》ひたすら進む。国定公園の標示板が出たら間もなく大倉への道標で左へ、林と畑の中を大倉の集落目指し進むと、出発地の「**大倉**」バス停に着く。

㊲

頭高山

花の季節が楽しみな丘陵歩き

【徒歩】1時間50分

▼頭高山《ずっこうやま》は渋沢丘陵の西に続く山で、秦野市が推奨する八重桜の里を訪ねる（三～四月）コースとして紹介されています。尾根づたいに丹沢の山々を、頂上からは箱根の山々を望むことができます。

▽【地図】国土地理院地形図（二万五千）秦野

▽【コース】渋沢駅（25分）渋沢中学校入口バス停（15分）雁音《かりがね》神社（20分）頭高山（30分）若竹の泉（20分）渋沢駅

小田急線渋沢駅南口から駅前を左へ。正面の渋沢交番を右に折れ直進し、渋沢小学校入口信号を過ぎ、峠隧道手前の「渋沢中学校入口」バス停の先に道標があり、ここが頭高山登山口。この先も主な分岐には道標が設置され迷うことはない。人家の裏道から山道に入ると小さな二つの石造りの社に出合う。

この雑木林では、メジロ、ジョウビタキ、カシラダカなど四十種類ほどの野鳥が見られるという。大きく右に曲がり上ると峠隧道の上に出る。正面の小高い丘

頭高山。周辺の千村地区は八重桜の名所

越しに箱根方面の山々を眺め畑地の農道を行く。所々で右手側に丹沢の山が畑越しに見え、目を楽しませてくれる。途中右に**雁音神社**があり、かりがねの松や社がある。さらに進むと「ZUKO−YAMA」と書かれた石碑が設置された分岐に着く。左に上るとベンチとトイレもある展望台。眺めも良く、ミカン畑に桃や桜の木が点在し、春は花見も楽しめる。

山道をひと上りして、四阿や丹沢山塊の山名解説版がある「八重桜の里」に着く。地元ロータリークラブによって植樹された八重桜が見事だ。目指す**頭高山**はこの先。登山道が左右に分かれ、左は最短の直登コース、右に進むと頭高山を回

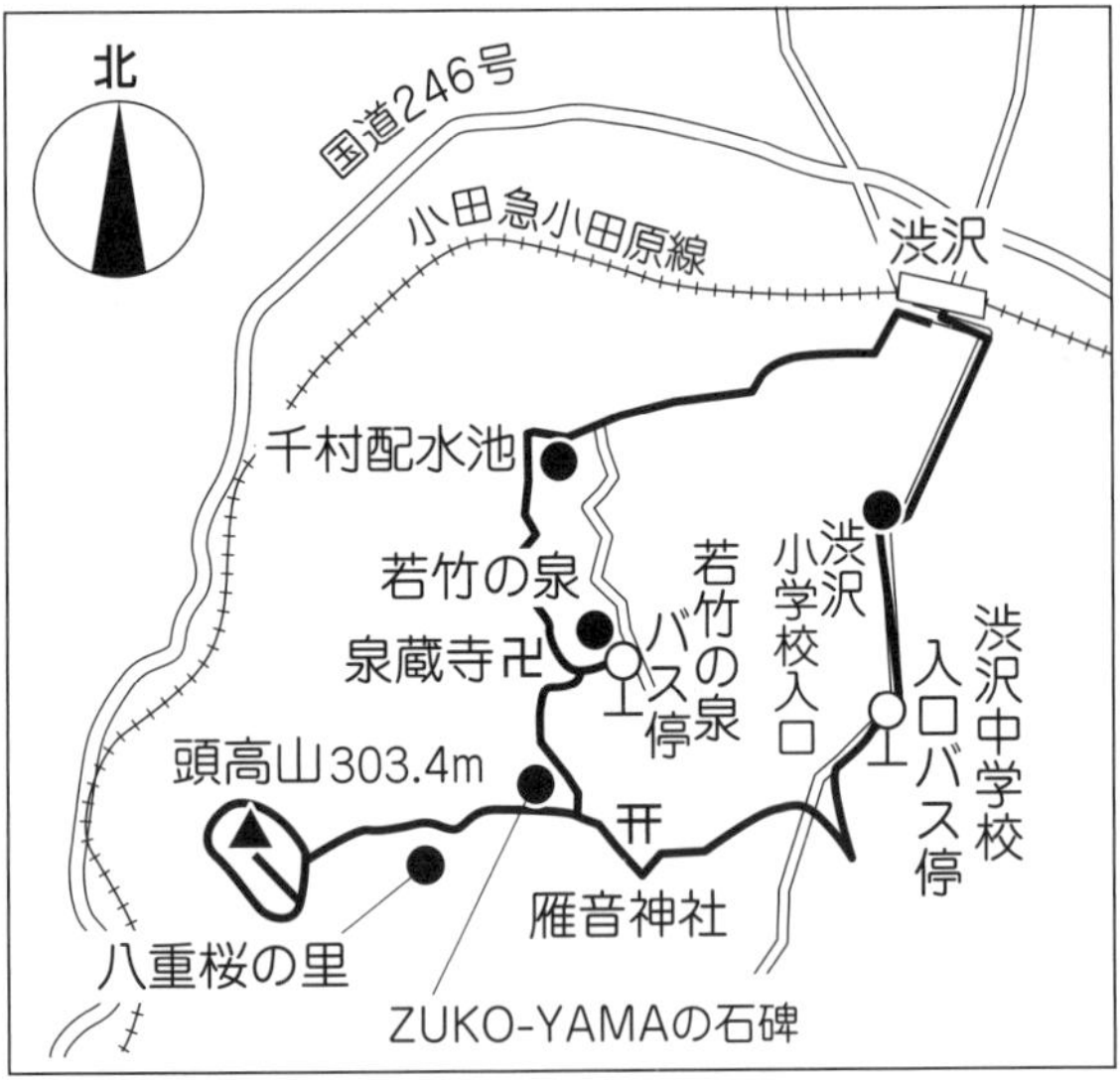
北
国道246号
小田急小田原線
渋沢
千村配水池
若竹の泉
泉蔵寺卍
若竹の泉バス停
渋沢小学校入口
渋沢中学校入口バス停
頭高山303.4m
雁音神社
八重桜の里
ZUKO-YAMAの石碑

り込む巻き道コースで、途中で直登コースと合流する。秋葉神社の鳥居をくぐると頂上で、石の社と馬頭観音の二つの石碑がある。樹木に囲まれているがわずかに南西が開けて、足元に足柄平野が、その後ろに明神ケ岳や箱根の山々が望める。近年はベンチ、四阿などが整備され、昼食休憩もできる。

若竹の泉

　下りは真っすぐなルートを下ろう。二カ所の休憩所を過ぎ、ＺＵＫＯ―ＹＡＭＡ分岐を左に折れる。左に白山神社を経て泉蔵寺（曹洞宗）の順に進む。寺の手前を右に行くと「若竹の泉」バス停で、そばに**「若竹の泉」**がある。寺の先から右へ、道標に従い市水道局の「千村配水場」先の十字路を右に折れて、富士浅間大神の石碑を左に見て変則五叉路の「曲松一丁目」の信号を左へ。小田急の踏切手前を右に入ると、ほどなく出発点の**渋沢駅**に戻る。

㊳

不老山

つり橋を渡って人気の山へ

【徒歩】5時間10分

▼西丹沢にある丹沢湖の南西に位置し、静岡県との県境にある山で、名の通り「老いない」ことで以前から中高年の方に人気のある山です。丹沢湖畔から、世附川をつり橋で渡り、頂上を経て、河内川のつり橋を渡り、山市場まで歩きます。

▽【地図】国土地理院地形図（二万五千）山北、駿河小山

▽【コース】新松田駅（バス40分）浅瀬入口バス停（60分）浅瀬ゲート（10分）世附《よづく》川つり橋（70分）世附峠（30分）不老山南峰（5分）不老山（50分）番ケ平（80分）河内川つり橋（5分）棚沢キャンプ場バス停（バス36分）新松田駅

小田急線新松田駅前から富士急行の西丹沢方面行きバスで、丹沢湖畔の「**浅瀬入口**」で下車。バス道を戻って落合隧道（延長五百三メートル）へ進む。浅瀬までは三保ダム築造で付け替えた県道を約一時間歩く。橋、トンネル、洞門と変化に富む。**浅瀬ゲート**（車止め）の脇を通り抜け、浅瀬橋を左へ、**世附川に架かるつり橋**に出る。橋のたもとの注意書き通り、一人

定員一人の世附川のつり橋

ずつ注意して渡ろう。短い橋だが、意外に揺れる。道標に従い直進、樹林を上る。左手に水音を聞くと、木々の間から対岸のミツバ岳が大きく見える。さらに沢筋に沿って上り、丸太の架かった小沢や芝の張った渓流工事の排水路を越すと、**世附峠**のある林道へ出る。

峠から右に進むと、道の左側上方に休憩台。案内板によれば五～六月には近くのサンショウバラが見事に咲くという。眺望は静岡側や西丹沢の山々が手に取るようだ。傾斜が増した登山道を上り、**不老山南峰**に到着。休憩台があり、西側に神奈川、静岡、山梨の県境である三国山、その先に富士山が望まれ、コース最良の

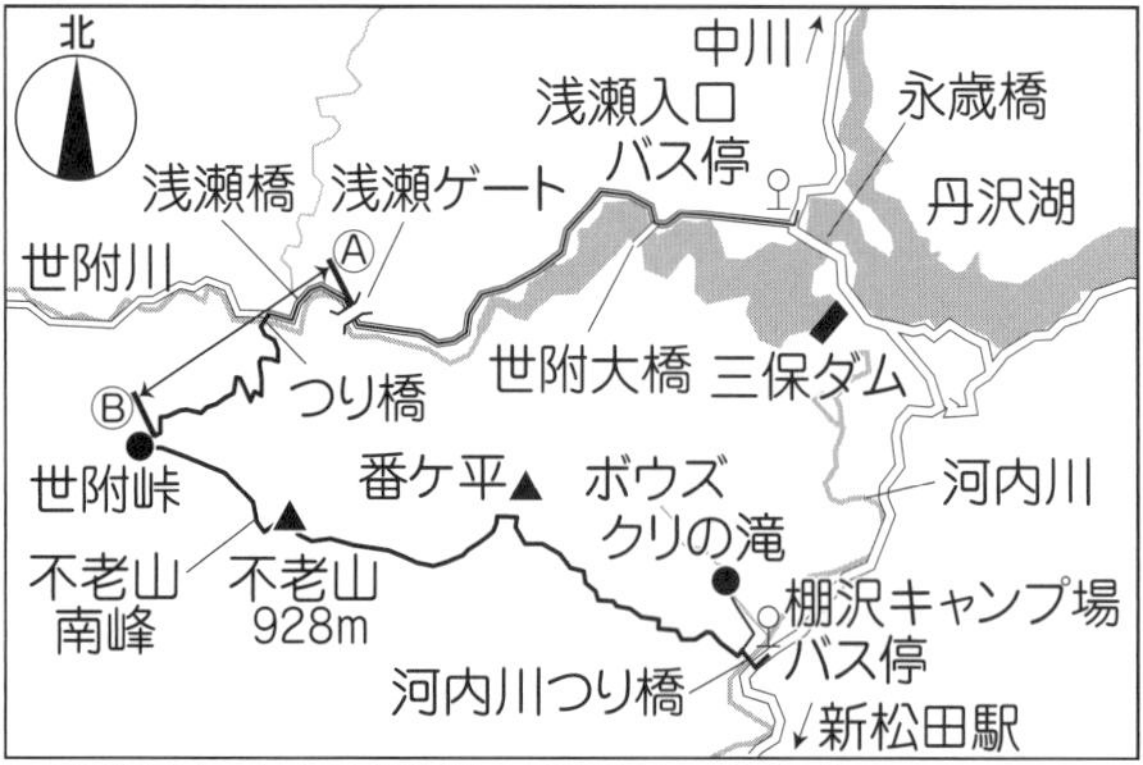

※Ⓐ浅瀬ゲートとⒷ世附峠の間は現在、通行止

ボウズクリの滝

撮影ポイントだ。平たんな道で**不老山**頂上に着く。ここは針葉樹の植林地に囲まれて、北側の林間から西丹沢の山が見えるのみ。しかし頂上広場は割に広いので、昼食休憩に利用できる。

東側から下山。南側に現れるシカ対策の柵に沿って緩やかな尾根を歩く。**番ケ平**付近で林道を横断し、一路、山市場への下山路になる。樹林の下りで眺望はない。

山市場の集落が樹林の間に見え、足が痛くなる頃、茶畑に着く。コンクリート道沿いに進み、左に折れ**河内川に架かるつり橋**を渡る。行きにバスで通った丹沢湖に通ずる県道に出ると**「棚沢キャンプ場」バス停**で、出発地の**新松田駅**に行ける。

【見どころ】 茶畑のある下山地で河内川のつり橋を渡らずに進むと棚沢キャンプ場。目指す**「ボウズクリの滝**（四五メートル）**」**はこの奥なので、入り口で事務所に声をかけて。正面の月見橋を渡らず左のキャンプ場の歩道を進むと堰《えん》堤の上の滝に着く（つり橋手前から往復二十分程度）。滝下の修行道場のお堂（今はない）で僧が滝に打たれ、昼は田作り、夜は座禅などをしたので「ボウズクリ（坊作）の滝」と呼ばれているという。

コース上はヤマブキ（四月）やサンショウバラ（五〜六月）の花が多く、秋には紅葉（十一〜十二月）が楽しめる。

※コース情報　現在、浅瀬ゲートから世附峠（つり橋落橋ほか）の間は、2010（平成22年の台風により通行止めです。早い復旧を願っていますが、復旧までの間、不老山へは、山市場の「棚沢キャンプ場」入口のバス停から往復が可能です。行きは「棚沢キャンプ場」バス停（100分）番ヶ平（60分）不老山、下山はP180のコースタイムをご参照ください。登山道の最新情報は、神奈川県自然環境保全センターまたは地元市町村で確認できます。

㊴ 大山から日向薬師へ

独立峰ならではの眺望楽しむ

【徒歩】4時間

▼大山は神奈川の中央に位置し、ピラミッド型の端正な姿をした、古くからの信仰の山。江戸時代から栄えた由緒ある大山阿夫利《あふり》神社を経て頂上をめぐります。

▽【地図】国土地理院地形図（二万五千）厚木、大山

▽【コース】伊勢原駅（バス20分）大山ケーブル駅バス停（20分）追分駅（ケーブル6分）下社駅《しもしゃ》（10分）阿夫利神社下社（70分）大山（20分）不動尻分岐（40分）見晴台（50分）日向ふれあい学習センター（30分）日向薬師バス停（バス18分）伊勢原駅

小田急線伊勢原駅北口から「大山ケーブル駅」行きバス。終点から旅館や土産物屋が並ぶ参道を大山ケーブルカーの追分駅へ。約六分で下社駅（歩くと男坂で三十分、女坂で四十分）、階段を上ると大山阿夫利神社社殿、山伏の修行の場として栄え、祭神は大山祇神《おおやまずみのかみ》、雷神《いかずちのかみ》、高おかみの三神。あわせて大山の姿は遠い海上からもよく見えるので、海人たちの守り神として鳥石楠船神《とりいわくすぶねのかみ》も祭られている。

拝殿地下には、大山名水もある。頂上へは拝殿の左手から本坂を上る。急こう

見晴台から大山山頂を望む

配の階段を、阿夫利大神碑や夫婦スギ、ぼたん岩や、天狗《てんぐ》の鼻突き岩など見ながらゆっくり上ろう。十六丁目の本坂追分けには、大きな碑と休憩台、二十丁目の富士見平は名の通りの絶景だ。

ヤビツ峠からの登山道に合流すると、頂上までは二百メートル《メートル》。鳥居をくぐると間もなく頂上で、神社本社（奥の院）と、御神木「雨降木《うこうぼく》」のブナもある。眺望は独立峰だけあって素晴らしく、西に丹沢と富士、箱根、南は相模平野と相模湾、条件が良ければ房総半島まで見通せる。社殿の裏手には水洗トイレもある（冬季は閉鎖）。帰途は日向《ひなた》薬師に向かって南東の樹林の中を下る。滑りやすいので注意。

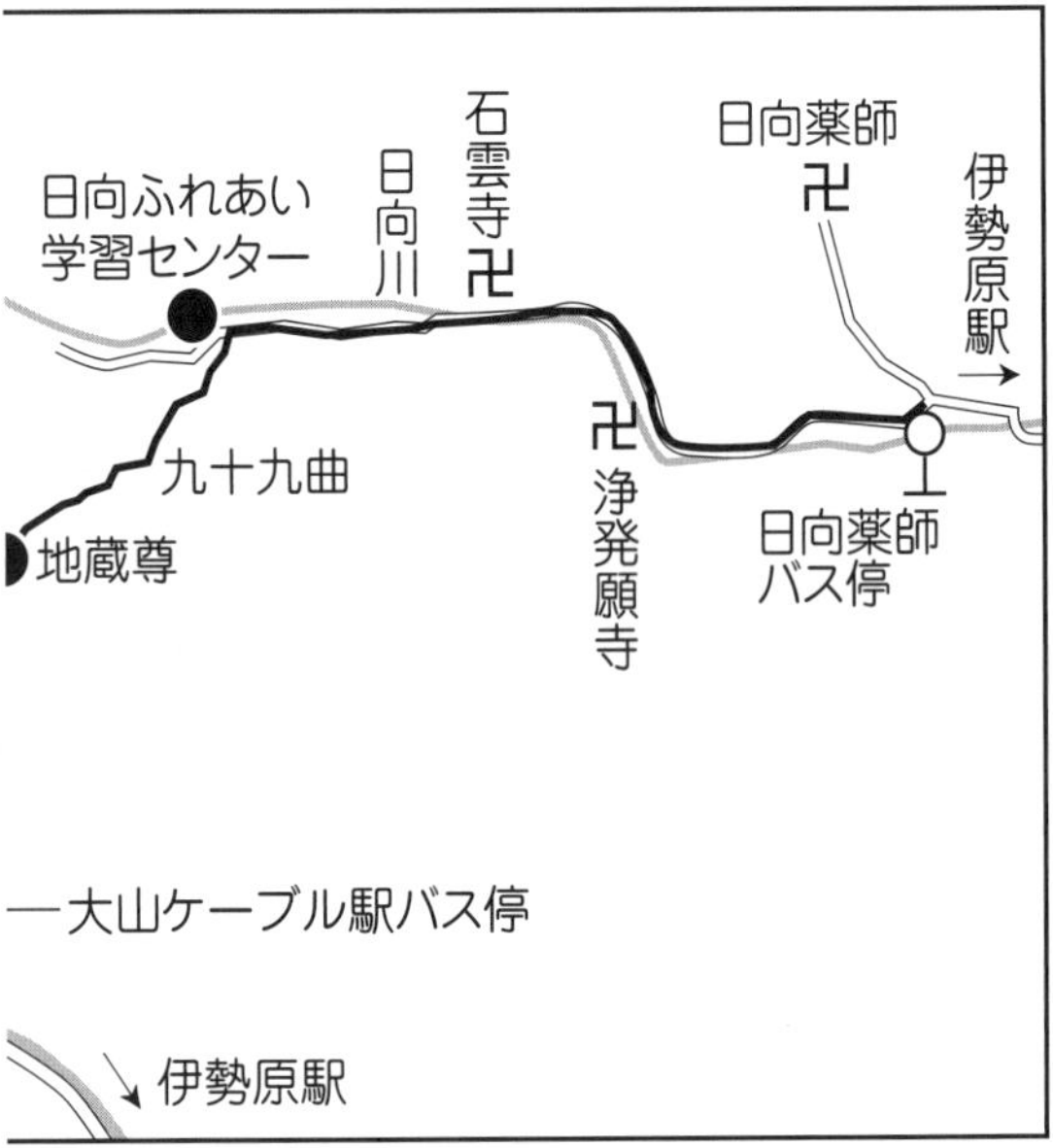

不動尻分岐を左に見送って、傾斜が緩むとやや開けた台地で、四阿と休憩台のある**見晴台**だ。ここから右手に行くと、**下社駅**。約二十分ほどで行けるので、疲れたら利用しよう。

　日向薬師を目指して下る途中では、所々で展望が開ける。赤いずきんの等身大のお地蔵様の先が九十九《くじゅうく》曲《まがり》。林道を横切ると**日向ふれあい学習センター**に着く。この先の、舗装された林道を日向川沿いに石雲寺

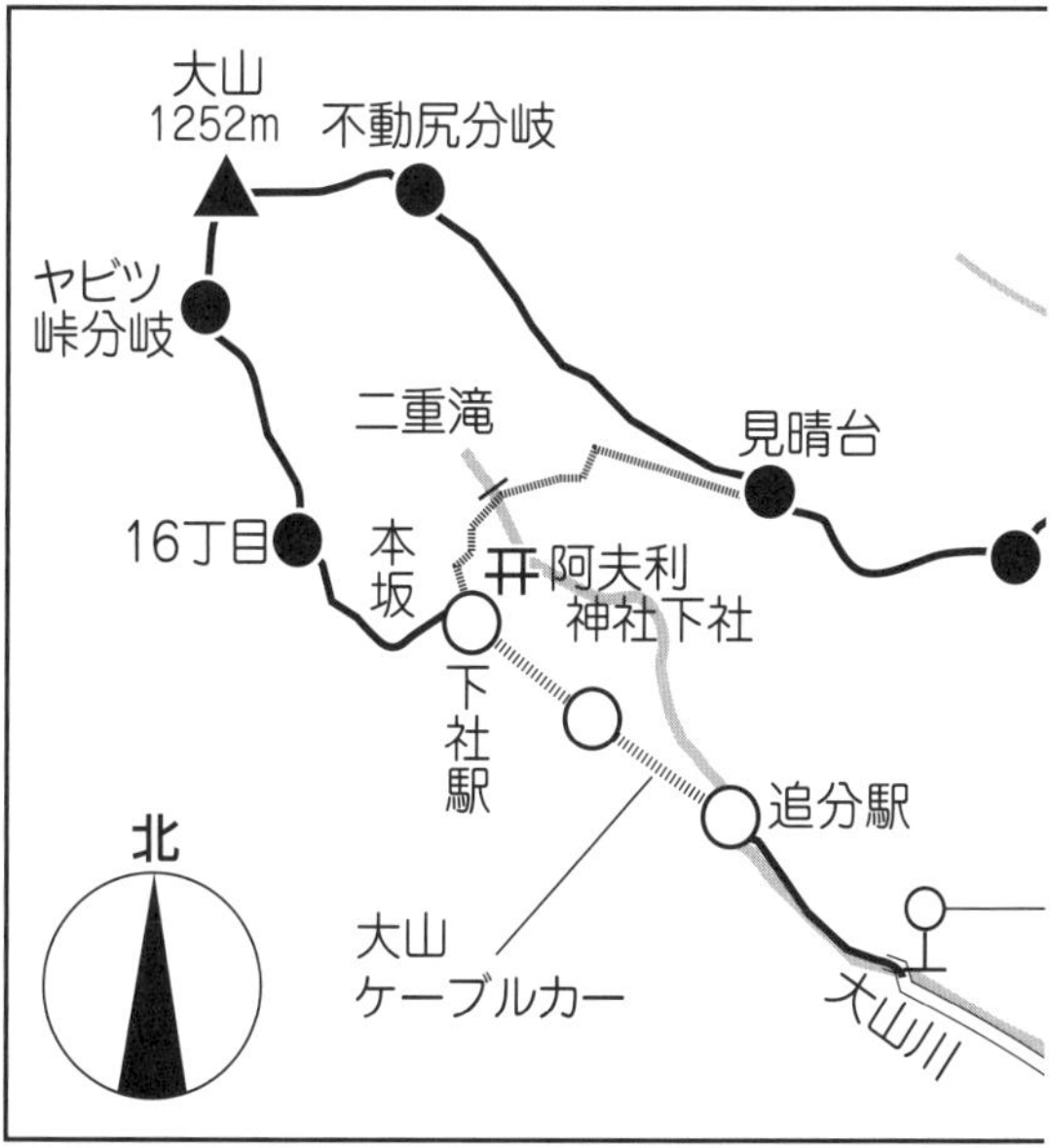

（曹洞宗）、浄発願寺（天台宗）を見て「日向薬師」バス停から伊勢原駅に戻る。時間に余裕があれば、日向薬師に立ち寄るのもいい（往復三十分）。

※300年ぶりとなる平成の大修理が完了（平成28年11月）し、日向薬師本堂の重厚で美しい姿の茅葺き屋根を見ることができる。

㊵ 山北駅から大野山へ

牧草を食べる牛たちを間近に

【徒歩】3時間40分

▼西丹沢の展望台ともいえる大野山を歩きます。山頂付近は牧場になっていて、無心に牧草を食べる牛が間近で見られることもある。

▽【地図】国土地理院地形図（二万五千）山北

▽【コース】山北駅（20分）大野山入口バス停（20分）大野山登山口バス停（20分）共和小学校（80分）イヌクビリ（10分）大野山（40分）頼朝桜（30分）谷峨《やが》駅

JR御殿場線**山北駅**で下車し、駅前通り商店街を左に進む。国道246号線の旧道で左に折れ山北歩道橋を渡り、安戸トンネルを抜けると「**大野山入口**」バス停。ここから右に折れ、曲がりくねった上り坂を進む。東名高速道路の陸橋をくぐり、三差路を直進した先が「**大野山登山口**」**バス停**（休日のみ運行）で、この先のボクシングジム手前で右に曲がる。急坂となるが道は明らか。集落を抜け、さらに進むと**共和小学校**だ。校門前からは、真正面の富士に並んで大野山の全景

かつての大野山乳牛育成牧場。傾斜が急な山の中腹部が放牧地

も目に入る。「富士見通り」の名板もある。

学校の角を右に曲がった先に近代的なトイレがある。学校先の道標で登山道に入ると、すぐに地蔵岩観音の石仏がある。しばらくは緩やかな雑木林の上り坂だ。右に牧場の柵が現れると階段の急坂となるが、焦らず行こう。上りきったところは大野山間近の尾根で、左の尾根伝いの道を進むと**イヌクビリ**。牧場案内板がある。ここには車道も通じており、駐車場もある。

車止めの横を抜け真っすぐな急坂を上り、無線アンテナが見えると**大野山**頂上で竜集《りゅうしゅう》大権現が祭られている。四阿、トイレもあり大勢での昼食、休憩も可能。

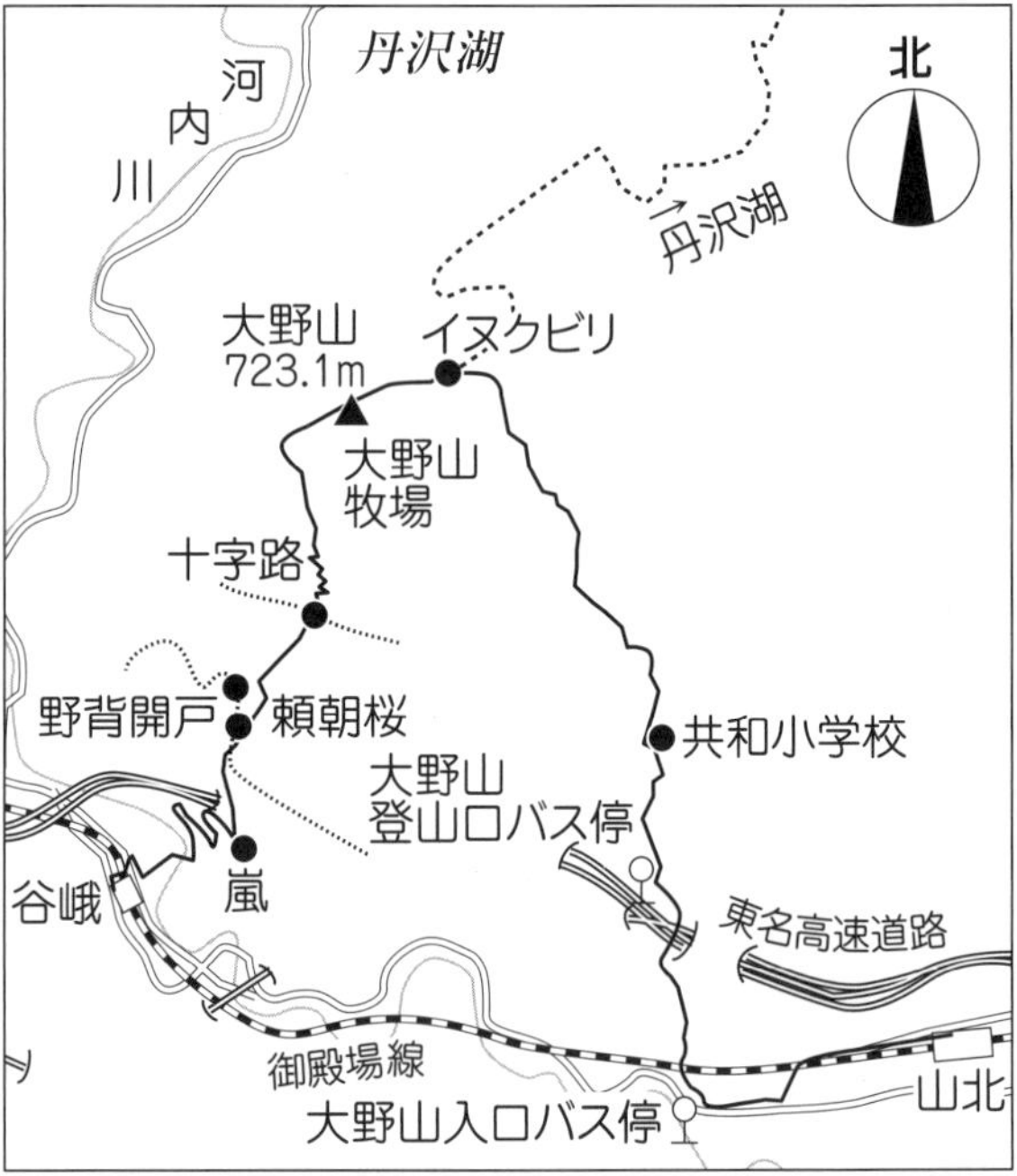

※2016年3月に県直営の大野山牧場施設は廃止。
放牧地などの一部は、民間に貸付された。

〝西丹沢の展望台〟にふさわしく、西に大きく富士、北から東には丹沢の山々、南は足柄平野から小田原の市街や相模湾も見通せる。足元には県第三の水ガメ「丹沢湖」が、満々と水をたたえる。

頂上を後に谷峨駅に向かおう。西に向かい杉林の先を左に折れ、急斜面の牧草地を進むと山道となる。途中で林道を横断、樹林を下ると、町指定の天然記念物である**頼朝桜**のある舗装道に出る。ここにはきれいな休憩所があり、トイレが設置されている。左に折れ、右の山道を下ると嵐の集落が近く眼下に谷峨の集落が広がる。ここからは舗装された道を下り、酒匂川左岸の車道と合流し、酒匂川のつり橋と御殿場線の跨《こ》線橋を渡ると**谷峨駅**だ。振り返ると、東名高速道路の上部に、大野山がどっしりと裾野を広げている。

【見どころ】 健脚向きだが**丹沢湖コース**（二時間三十分）もお勧め。大野山よりイヌクビリに戻り、左折して林道を進む。湯本平への道を左に見て進むと登山道となり秦野峠分岐点に着く。左折しヨキッチ見晴台を経て山神峠や小尾根を上り下りし、神尾田神社に着くと丹沢湖が一望できる。永歳橋手前には、**丹沢湖記念館**や三保の家、ダム下流の広場は見学可能。

（丹沢湖記念館☎０４６５―７８―３４１５）

㊶ シダンゴ山から宮地山へ

アセビの群落と針葉樹の森

【徒歩】3時間10分

▼今回は県西部へ。紹介の逆コースをとると、帰りは始発のバスに乗れるので座って帰れる利点もありますが、標高が高い「寄《やどりき》」をスタート地点としました。

▽【地図】国土地理院地形図（二万五千）秦野、山北

▽【コース】新松田駅（バス25分）寄バス停（90分）シダンゴ山（60分）宮地山（40分）田代向バス停（バス20分）新松田駅

小田急線新松田駅から寄行き富士急バスで終点へ。中津川に架かる大寺橋を渡り、集落の中を道標に沿って進む。人家が途切れると両側は畑となる。途中に四阿とトイレが設置されており利用できる。お茶畑の農道をさらに進むと、車止めの標識があり、道は狭くなりこう配も増す。汗が噴き出す頃、振り返ると中津川の対岸に櫟山《くぬぎ》から栗ノ洞《くりのきどう》へと続く尾根が見える。猪防護柵の門扉（開けたら閉めること）を通過すると針葉樹の暗い山道に入る。

シダンゴ山頂上。山頂の展望が四方に開けている

上りも一段落して平たんになると、この山で唯一の水場がある。飲料の適否は定かではないが、汗をかいての山歩きでは、冷たい水に触れるだけでも爽快感は増す。登るにしたがって樹林が開け、アセビの群落が見え出すと、**シダンゴ山頂上**だ。広々と開けた頂からは、北東の方向に塔ノ岳を中心とする丹沢の山々や、南側に松田山から高松山など三六〇度の展望がある。中央部には山名由来の石碑、測量基準点の三等三角点や、石の祠などが置かれている。

十分に休憩と展望を楽しんだら宮地山に向かおう。階段を一気に下り、秦野峠への分岐と別れて左に曲がる。小さな木

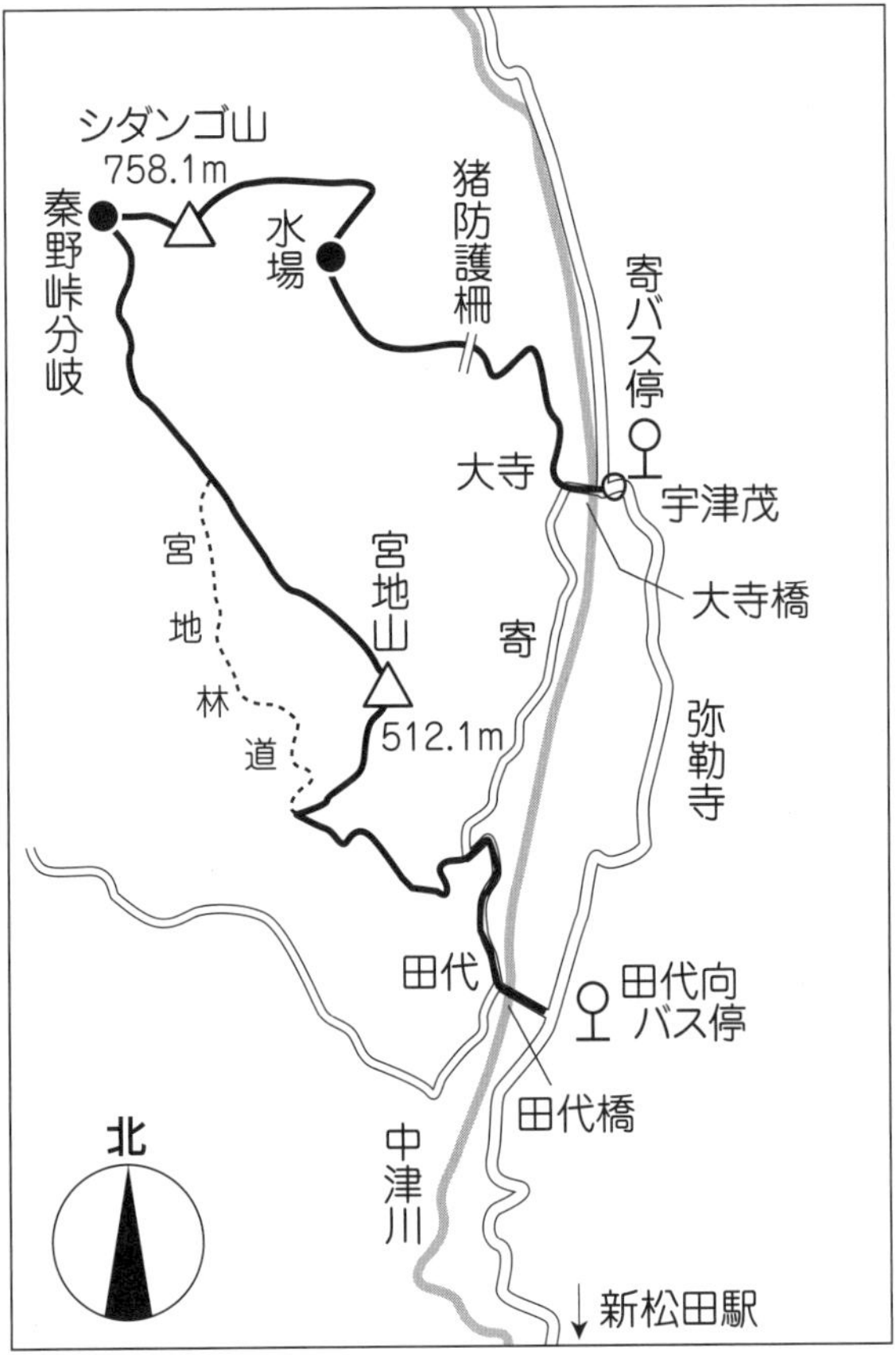
シダンゴ山
758.1m
秦野峠分岐
水場
猪防護柵
寄バス停
大寺
宇津茂
大寺橋
宮地林道
宮地山
512.1m
寄
弥勒寺
田代
田代向
バス停
田代橋
中津川
北
新松田駅

の橋や鉄塔を過ぎると、宮地林道への分岐で、宮地林道を右手に見送って左に入り宮地山を目指す。樹林の中の上り下りを数回繰り返し、シカ柵が左に現れると**宮地山**だ。頂上の周囲は樹木に遮られ、展望はないが暑いときなど日陰となって一息つける。

バス停へは樹林を下る。しばらく進むと先ほど分かれた宮地林道に合流する。ほどなく人家が現れ、舗装された道を進み前面が開けた中津川に出る。田代橋を渡り県道に出ると、「田代向」バス停だ。

【見どころ】 寄周辺は自然休養村として整備されており、マス釣り場、ふれあい動物村、キャンプ場などがある。栗拾い、ミカン狩り、芋掘り、釣り、川遊び、バーベキューも楽しめる。

（寄自然休養村管理センター☎０４６５―８９―２９６０）

シダンゴ山　山の麓の寄に仏教を伝える仙人がこの山に居住しており、仙人をシダゴンと呼んだことから地名が起こったとされる。シダゴンは梵語で羅漢（仏教の修行を積み悟りに達した人）を意味し、シダゴン転じてシダンゴ（震旦郷）となった、と伝えられている。

㊷ 高松山から尺里峠へ

氏神や石仏を訪ねる樹林の道

【徒歩】4時間40分

▼足柄平野の北に位置する高松山は、標高は低く目立たない存在ですが、頂上から西丹沢の眺めは素晴らしい。登山路手前の東名側道からの富士や箱根の眺めもお勧めです。

▽【地図】国土地理院地形図（二万五千）山北

▽【コース】東山北駅（30分）氏神（20分）農道終点（50分）ビリ堂（30分）高松山（40分）尺里峠（80分）氏神（15分）高松山入口（15分）東山北駅

出発はＪＲ御殿場線東山北駅。無人駅で改札口も無いが、ホーム中ほどが出口で、右に進み、駐輪場先を右に折れ、国道２４６号線の向原の信号を渡る。東名高速道路の地下道をくぐり（東名側道へは半円を描いて合流する）、東名側道を右に折れ北西に進む。

坂道を上ると正面に大野山と富士山、左には足柄平野と明神ケ岳が見え、思わず歓声が上がる。東名ハイウエイバス「山北」バス停先の尺里川を右に、安洞《やすぼら》橋を渡ると氏神様まで一本道。左手のコンク

道脇にたたずむ馬頭観音像・ビリ堂の石仏

リート舗装の急な農道の両側にミカン畑が続く。

高度を上げるにつれて、眺めが良くなる。上り詰めると**農道終点**。この先は雑木林の登山道となり、周囲の眺めは望めない。上空に送電線が見えてくると突然視界が開け、足柄平野や金時山、矢倉岳、明神ケ岳も姿を現す。送電線の鉄塔近くに「頂上まで一時間五分」の道標がある。人工林の道を進み、左に石仏を見て**ビリ堂**に着く。パンフレットの説明文には「里から見て一番ビリ、最後にある観音堂のため」名付けられたとあるが、杉の根元に文化の年号が読みとれる石仏があるだけだ。

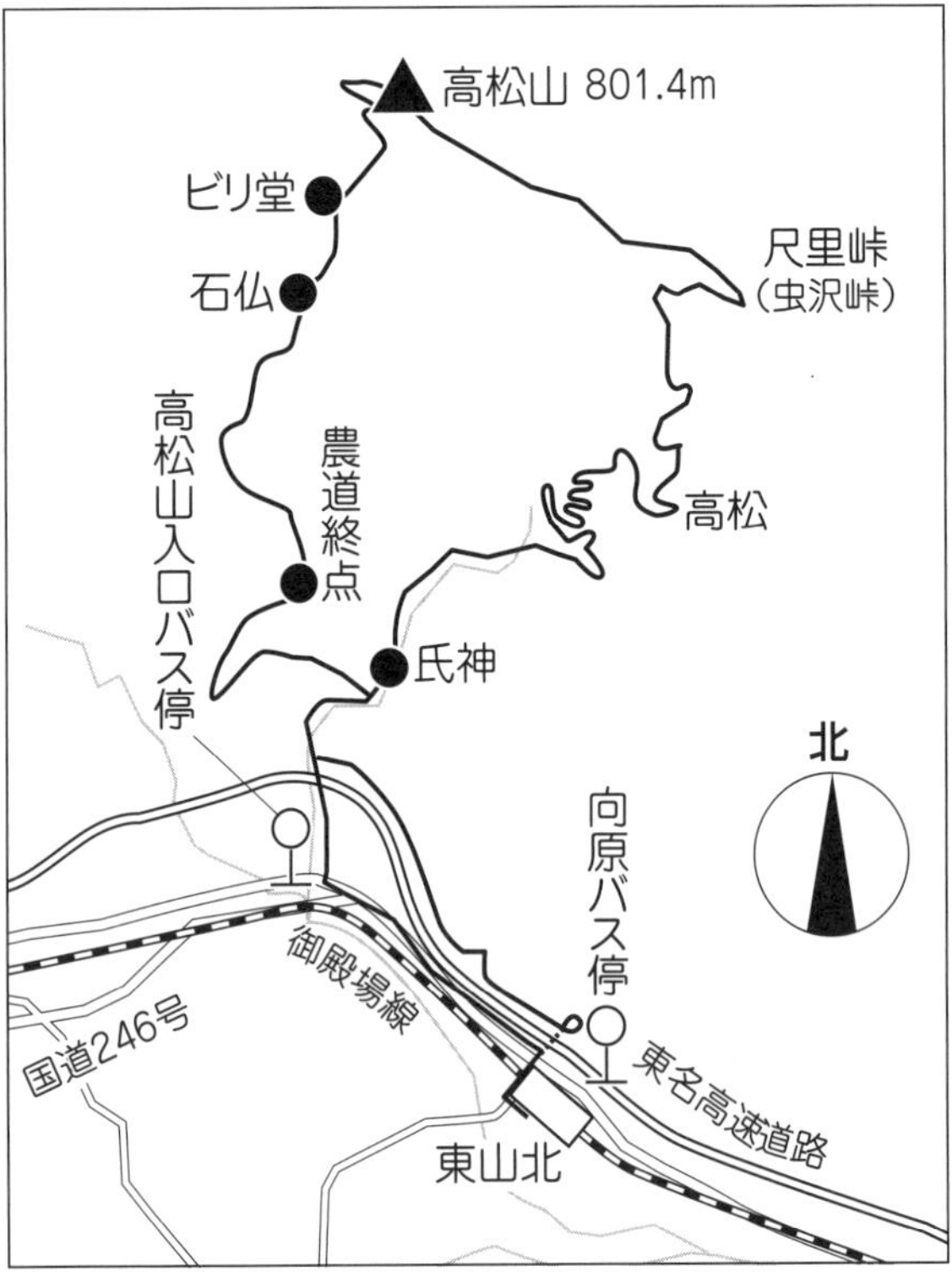
高松山 801.4m
ビリ堂
石仏
尺里峠
（虫沢峠）
高松山入口バス停
農道終点
高松
氏神
北
向原バス停
御殿場線
国道246号
東名高速道路
東山北

この先はコース最大の急坂なので、焦らず一歩ずつ上ろう。赤土と火山灰の混じった滑りやすい道だが迷うような場所はない。上り詰めたところで高松山への尾根に出る。ここから五分ほどで目指す高松山頂上だ。以前はあった大きな鉄塔や建物が撤去され、気持ちの良い草原となっている。木の合間から箱根の外輪山、富士山、丹沢の山並みが望める。尺里峠方面への下りも滑りやすいが、鎖が設置されている。急坂を下ると樹林帯に入り、眺望はほとんどない。桜の木が現れたあたりで林道に合流する。小高い台地に石仏が座っている**尺里峠**（虫沢峠）へ。

峠から道標にしたがい尺里への舗装道を下る。くねった道を下ると、出発点の**氏神様**に戻る。尺里川沿いに進み、国道で山北町地域包括支援センターを左に折れると「**高松山入口**」バス停だ。長時間待つようなら、**東山北駅**まで歩いても十五分ほどだ。

㊸

河村城址から洒水の滝へ

さわやかな水音と涼を求めて

【徒歩】２時間

▼「日本の滝百選」と「全国名水百選」を訪ねて、洒水《しゃすい》の滝を目指すコースを紹介します。

▽【地図】国土地理院地形図（二万五千）山北

▽【コース】山北駅（5分）山北鉄道公園（25分）河村城址（20分）どんぐり公園（10分）高瀬橋（20分）洒水の滝（40分）山北駅

ＪＲ御殿場線**山北駅**が起点となる。駅前に民家造りの山北町観光協会案内所があり、ここでは休憩もでき、詳細なアドバイスが得られる。山北跨線橋を渡り駅の反対側に出て右へ、**山北鉄道公園**のＤ52蒸気機関車に沿って進み、左の小道を国道まで進む。横断地下道をくぐると河村城址の石碑や盛翁《せいおう》寺（曹洞宗）。駐車場からは山道となり、**河村城址**に向かう。真っすぐ上る道と巻き道を通るコースがあるが、時間的な差はない。途中には、解説文を刻んだ置き石もある。

河村城址

城址頂上近くになると、背後に大野山が大きな姿を見せる。河村城は河川に囲まれた丘陵の上にあり、平安時代末期からこのあたりを治めていた河村氏の居城であった。現在は芝生の広場となっており、大きな石碑や解説のプレートが配置され、明るく開けているが広場の周囲は木々に囲まれて展望は利かない。

広場外周を回り込んで滝に向かう。下り坂は「木洩日《こもれび》の道」と名付けられ、歩きやすく整備された。下りきったところに石仏があり、舗装道となる。正面に明神ケ岳、金時山、矢倉岳など箱根の外輪山が見える。左へ、広い道路と合流すると「どんぐり公園」で、トイレもある。

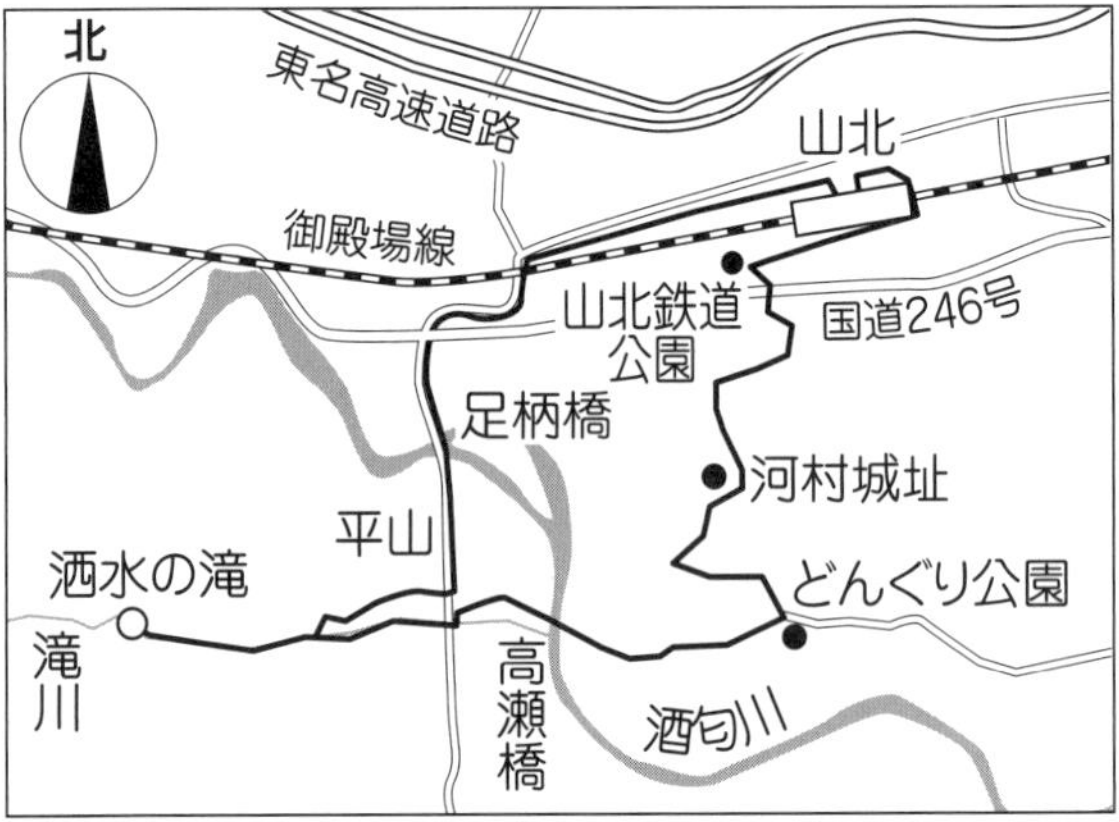

ここから右へ向原の集落を通り、**高瀬橋**と洒水橋を渡ると滝への入口。川沿いに最近遊歩道が整備され、瀬音を聞きながら滝に向かう。和合橋を渡らず左へ、滝までは一本道だ。

沿道には土地の名産品や茶店が並ぶ。左手に「名水百選」認定のわき水があり、ポリタンクを手にした人が順番を待つ。正面が、鎌倉時代文覚上人が修行したことで有名な**「洒水の滝」**。滝周辺は落石等が多いため、落石防護柵やネットが設置され安全に見学が可能となった。朱塗りの橋付近からの滝（六九メートル）は、絶好の撮影ポイント。滝は三段で、一

三段からなる酒水の滝

の滝六九メートル、二の滝一六メートル、三の滝は三〇メートルほどだが、すべては見えない。

帰路は、和合橋を渡り車道を進むと、左手に大日堂がある。お堂はかつて趣のあるかやぶきであった。県道で左へ出て足柄橋を渡り、山北町スポーツ広場グラウンドに沿って行くと国道２４６号の旧道に合流する。この後は、旧道沿いに進むと**山北駅**も近い。

県央・県北

㊹ 海老名の文化財めぐり

市街地に残る〝歴史の足跡〟

【徒歩】2時間50分

▼古来、相模の中心地として国府（今の県庁）があり、栄えてきた海老名の市街を散策します。

▽【地図】国土地理院地形図（二万五千）座間

▽【コース】海老名駅（20分）国分尼寺跡（10分）龍峰寺（20分）国分寺跡（5分）国分寺（10分）瓢箪塚《ひさご》（10分）鳳勝《ほうしょう》寺（30分）海源寺（15分）厚木駅（30分）有鹿《あるか》神社（20分）海老名駅

出発は海老名駅（JR相模線、小田急線、相鉄線が乗り入れ）。東口を出て左へ、商店街を抜け相鉄線沿いに進む。並木橋の信号を直進し、突き当たりで相鉄の踏切を渡る。しばらく進むと、魚屋の角に庚申《こうしん》大権現入口の標識があり、国指定の史跡「国分尼寺跡」でマンション横の一角に庚申堂や金堂跡の石碑が建つのみ。

国分尼寺跡から北へ、小田急線踏切の手前を東の弥生神社へ。参道沿いの階段を上ると高台に社殿がある。裏手の龍峰寺（臨済宗）の十一面千手観音像は、京

海老名駅の東側高台に位置する国分寺講堂跡

都清水寺の本尊と一体分身といわれる。隣接する清水寺公園は、桜、ツツジも多い。厚木、丹沢、箱根の山々が相模川を越えて見渡せる。

　公園から南に進み、相鉄線踏切を渡り直進。「逆川」バス停の信号を右に曲がると、国指定史跡「**相模国分寺跡**」だ。道で分断されているが、全国の国分寺でも三指に入る規模。往時は、右に講堂、左に七重の塔と金堂があったそうで、現在は直径二メートルの礎石が点在する。国分寺跡から道路に出て、旧国道を横断した先の大ケヤキ（樹齢五百六十年）は、船つなぎの杭《くい》が根を生やしたといわれ、県指定天然記念物。さらに進むと**国分寺**（真

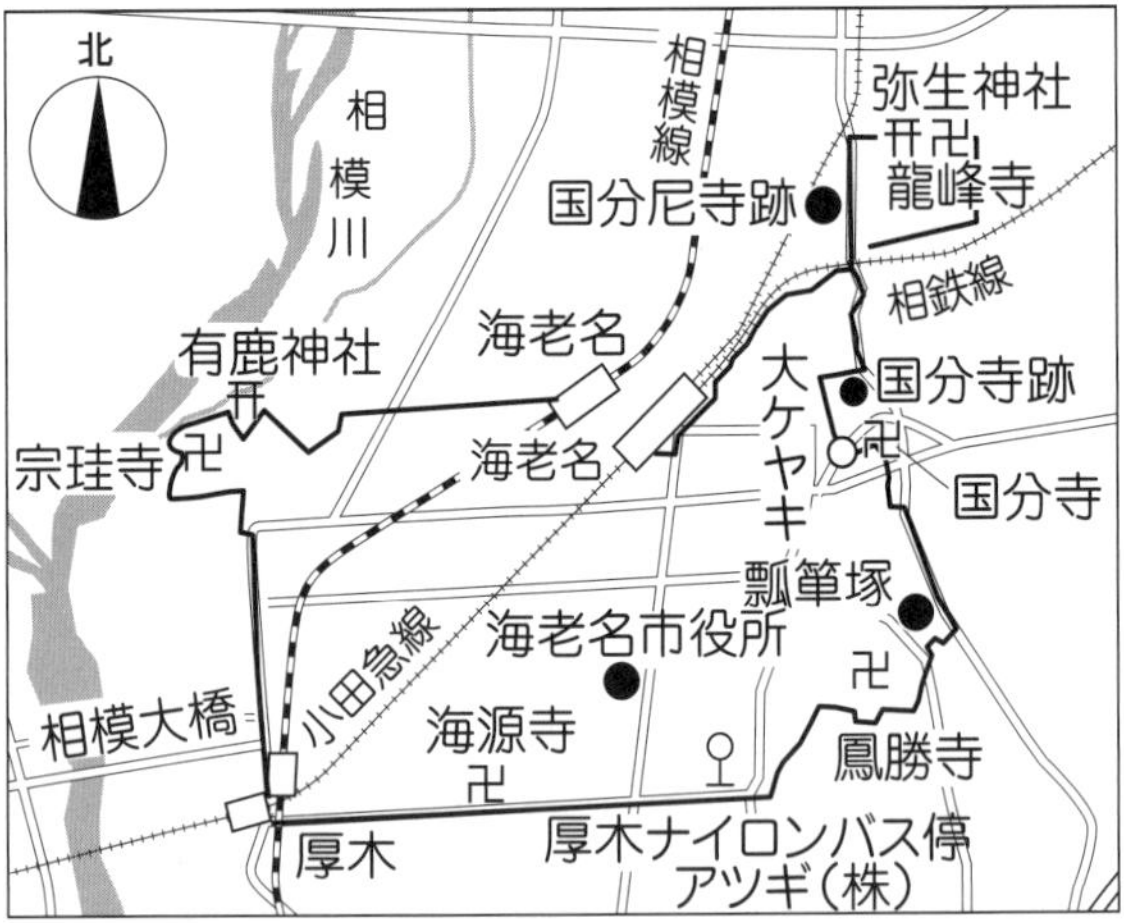
北
相模川
相模線
弥生神社
龍峰寺
国分尼寺跡
相鉄線
海老名
有鹿神社
宗珪寺
海老名
大ケヤキ
国分寺跡
国分寺
瓢箪塚
小田急線
海老名市役所
相模大橋
海源寺
鳳勝寺
厚木
厚木ナイロンバス停
アツギ（株）

言宗）、通称薬師堂へ。国指定重要文化財の梵鐘《ぼんしょう》がある。寺から県道に架かる横断橋を渡り、急坂を海老名小学校の上を通ってバス道に出て、右に曲がり「国分寺台第２」バス停の先右に**瓢箪塚**がある。四～五世紀に国造《くにのみやつこ》のために造られたとされる前方後円墳だ。

住宅地を南に進むと、**鳳勝寺**（曹洞宗）の墓地裏に出る。旧相模湖町からダム建設のため、住民や地名（「勝瀬」）とともにここに移った。正面の門から南西の方向に進む。「厚木ナイロン」バス停を真っすぐ西に進む。市重要文化財の鐘楼門のある**海源寺**（日蓮宗）を経て**厚木駅**（ＪＲ、小田急）へ。余裕があれば駅の北側にある宗珪《そうけい》寺（曹洞宗）や延喜式の相模国一三座（寺社）の一つ、**有鹿神社**に足を延ばそう。田んぼの一本道をたどると**海老名駅**に戻る。

大ケヤキ

㊺ 順礼峠から白山へ
古くから続く「信仰」の道

【徒歩】２時間

▼厚木市の七沢から飯山観音に通じる尾根を歩きましょう。順礼峠は古くから巡礼者の峠道として有名。今は「関東ふれあいの道（首都圏自然歩道）」として整備され、終点の白山《はくさん》付近には飯山観音があります。

▽【地図】国土地理院地形図（二万五千）厚木

▽【コース】本厚木駅（バス30分、伊勢原駅からはバス23分）七沢病院入口バス停（20分）順礼峠（45分）物見峠（10分）むじな坂峠（20分）白山（15分）飯山観音（10分）飯山観音前バス停（バス20分）本厚木駅

出発は小田急線伊勢原駅または本厚木駅。どちらも上谷戸方面行きのバスで、「七沢病院入口」まで。バス道の県道を北に進み中沢橋を渡り右側の道標に沿って、順礼峠を目指す。**順礼峠**はその名の通り、飯山から日向薬師への巡礼者が越えた峠。現在は赤い布をまとったお地蔵さんが正面に座り、歴史を感じさせる。

この付近一帯は七沢森林公園と接しており、家族連れで散策の人も多い。五月から六月にかけてシャクナゲ（六七種一万株）が見頃を迎える。ここから尾根伝

順礼峠のお地蔵様

いに上り下りを繰り返す。尾根の右側に厚木の市街地が見渡せ、左側は樹林の間から大山、鐘ヶ岳などが見える。

急な階段を五分ほど上ると**物見峠**に着く。その名にふさわしく眺めは良好だ。厚木市街はもちろん、横浜のランドマークタワーや新宿の高層ビル群も眺望できる。**むじな坂峠**を越えると、右手に**白山**が見え始める。頂上は広い台地となっており、南には展望台がある。付近は「飯山白山森林公園」となっており、厚木市郊外の鳶《とび》尾《お》山をはじめ相模川周辺が一望できる。頂上北側の端には白山神社や、鳥居脇には、日照りでも枯れないとされ、雨乞いの神様として信仰される「白山の

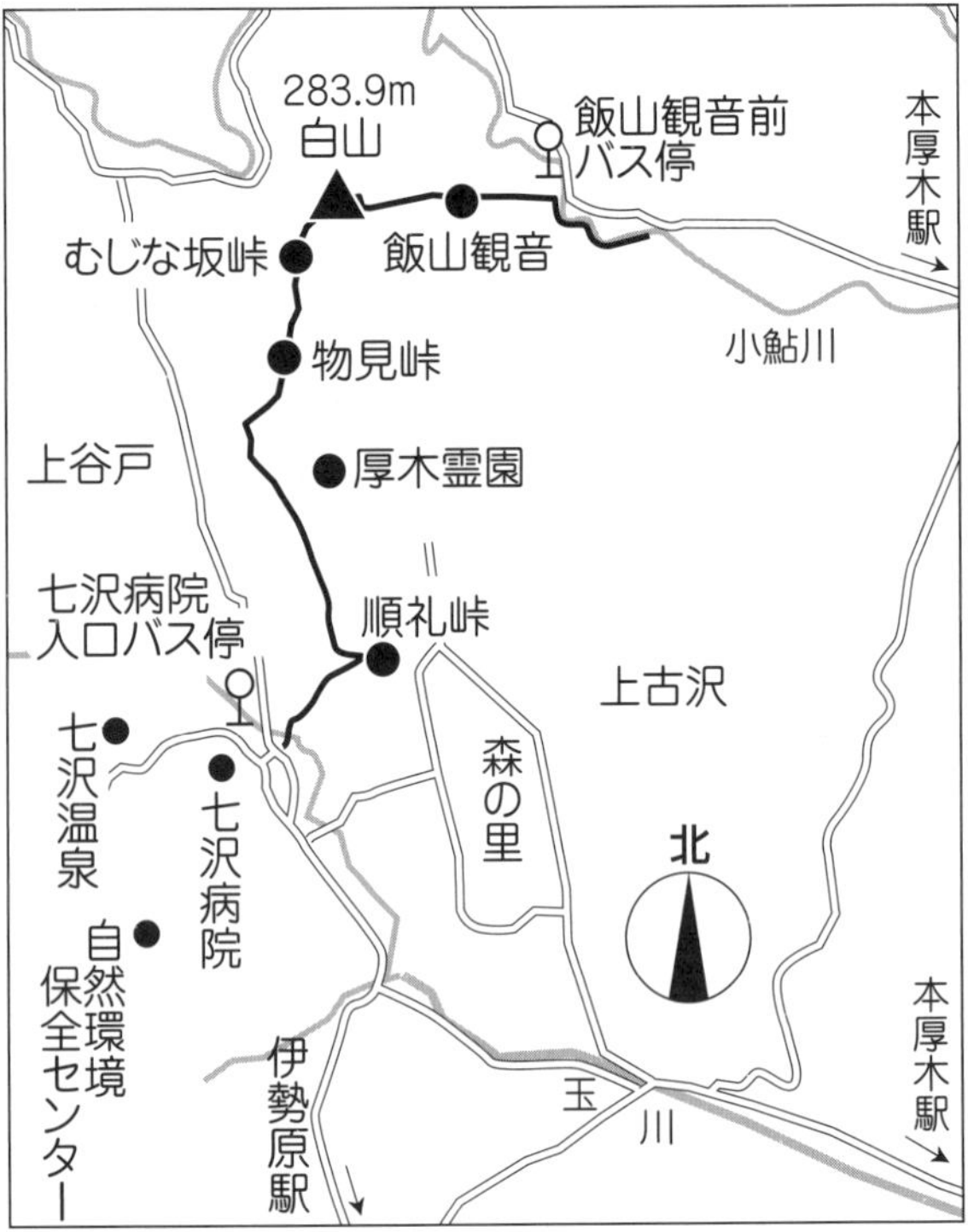
283.9m
白山
飯山観音前
バス停
本厚木駅
むじな坂峠
飯山観音
小鮎川
物見峠
上谷戸
厚木霊園
七沢病院
入口バス停
順礼峠
上古沢
七沢温泉
七沢病院
森の里
北
自然環境保全センター
伊勢原駅
玉川
本厚木駅

池」がある。
飯山へは樹林の中を下り、**飯山観音**（長

白山頂上から見た厚木北部。中央は鳶尾山

谷寺本堂）の境内に着く。一般には飯山観音の名で知られており、「かながわの景勝五〇選」に選ばれている。さらに参道を下ると三千本の桜の名所で、春には大勢の花見客でにぎわう。小鮎川に架かる赤い庫裡《くり》橋を渡ると**「飯山観音前」**バス停だ。

【見どころ】県立自然環境保全センター（「七沢病院入口」バス停から約一キロ南、「馬場リハビリ入口」バス停から徒歩五分）には、樹木見本園や自然探索路が整備されている。土曜（第二、第四）、日曜、祝日などに観察会開催。

（県立自然環境保全センター☎０４６―２４８―０３２３）

㊻ 仏果山から宮ケ瀬へ

樹林の道を歩き、湖を展望

【徒歩】3時間20分

▼仏果山《ぶっか》は、宮ケ瀬湖東側に位置し、湖の展望台として人気。山ろくの煤ケ谷の正住寺（臨済宗）を開いた仏果上人が座禅修行をした山としても有名です。

▽【地図】国土地理院地形図（二万五千）上溝、青野原

▽【コース】本厚木駅（バス41分）仏果山登山口バス停（60分）宮ケ瀬越（20分）仏果山（15分）宮ケ瀬越（15分）高取山（60分）宮ケ瀬ダム（30分）半原バスターミナル（バス40分）本厚木駅

小田急線本厚木駅北口から「宮ケ瀬」行きバスで「仏果山登山口」下車。バス停手前にある階段が登山口だ。樹林帯の急坂を進むと小さい石造りの社がある。「春から秋は山ヒル注意」の看板通り、最近山ヒルが多い。山ヒルの冬眠中が、この山の〝登りごろ〟だ。しばらく快適な広葉樹の山道を進み、仏果山と高取山の中間に位置する宮ケ瀬越に着くと、半原や相模原方面の景色が飛び込んでくる。右に曲がって仏果山を往復してこよう。小一時間ほどだ。尾根道には「水源

首都圏最大のダム湖・宮ケ瀬湖

の森林契約地」の看板も。頂上直下は、短いながら岩場もありロープが張られている。経ケ岳からの道に合流すると頂上はすぐだ。木々に遮られ頂上の眺望は望めないが、一段下った場所に休憩台と鉄骨造りの展望台（一三メートル）があり、周囲が見渡せる。

高取山へは、**宮ケ瀬越**まで戻り、北へ十分ほどで着く。頂上の展望台からは、宮ケ瀬方面をはじめ周辺の山並や市街が開け、特に巨大な姿を横たえるダムと宮ケ瀬湖の真っ青な水面が目を引く。背後には丹沢の山々がひかえる。三六〇度の展望を楽しんだら、左手の道を宮ケ瀬湖へ。一部にロープが設置されたやせた尾

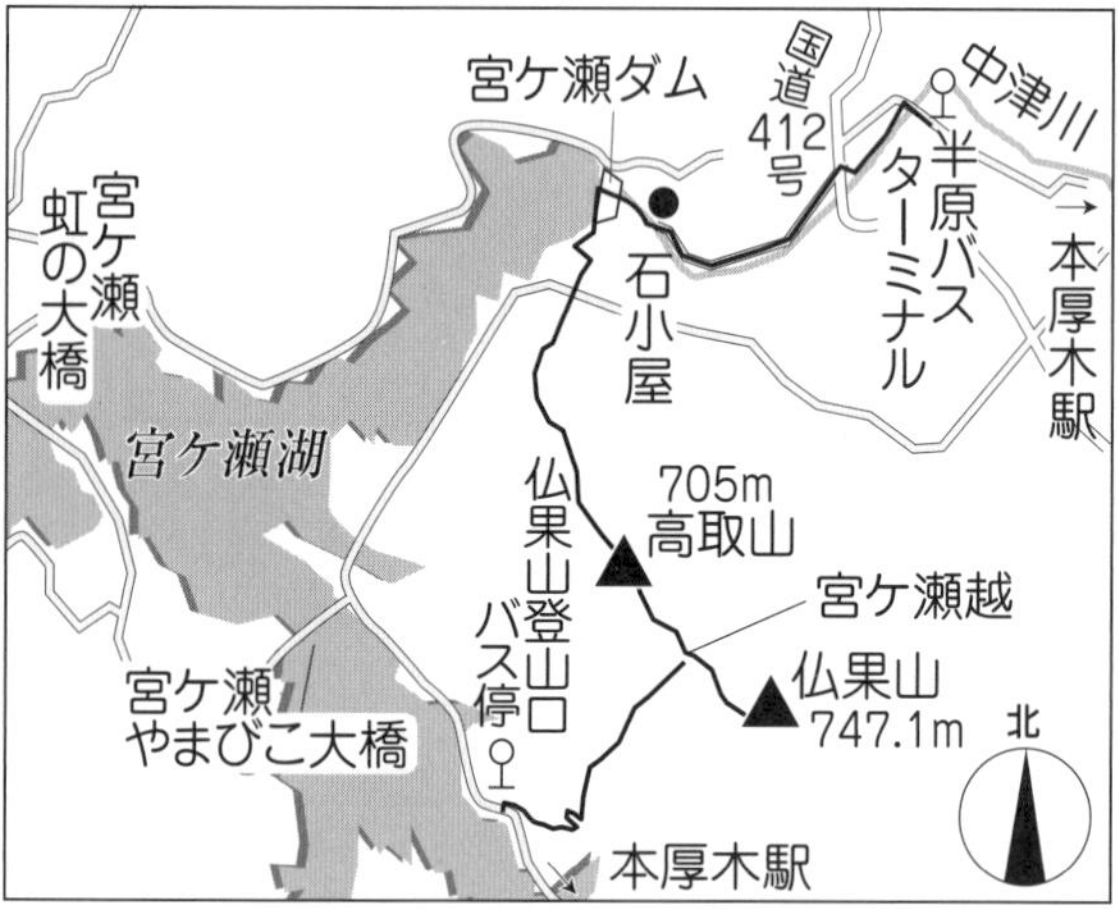

宮ケ瀬ダム
国道412号
中津川
半原バスターミナル
→本厚木駅
宮ケ瀬虹の大橋
石小屋
宮ケ瀬湖
705m
高取山
仏果山登山口バス停
宮ケ瀬越
仏果山
747.1m
北
宮ケ瀬やまびこ大橋
本厚木駅

根があるので、足元に注意しよう。

　表土がササに覆われた樹林を進み、真っすぐな階段を見通しの良い展望地に出ると、宮ケ瀬湖が間近に迫る。ダム築造時に資材を運搬した索道の支点として利用したコンクリート塊のある休憩台を過ぎると、つづら折りの急な階段のため足元に注意。下るとダム湖畔の駐車場に出る。山道はここまで。この先はダム見学路を歩く。「水とエネルギー館」（見学自由）からダムの天端《てんば》道路（ダム堰堤上の道）を進むと、中ほどに無料のエレベーターがあり約一分で一二〇メートル下のダム下流に出る。下から見上げるダムの大きさには圧倒される。すぐ下の県企業庁愛川発電所や石小屋ダムを通り、中津川沿いの道を進む。愛川大橋の手前で右に入り、橋の下をくぐり、日向橋を渡ると**半原バスターミナル**に着く。**本厚木**行きの始発バスがある。


【見どころ】 時間があれば**宮ケ瀬湖**で遊覧船に乗り湖面を周遊したり、**宮ケ瀬ダム・水とエネルギー館**（入館無料）の見学や、ダム下流（ダムからの放水が圧巻）、県立あいかわ公園の散策もできる。

（宮ケ瀬ダム・水とエネルギー館☎０４６―２８１―５１７１）

（宮ケ瀬やまなみセンター☎０４６―２８８―３６００）

㊼ 鐘ケ岳から広沢寺温泉へ

森林浴と温泉を存分に楽しむ

【徒歩】２時間40分

▼古くから信仰の山として人気の高い鐘ケ岳に上ります。存分に森林浴をし、最後は温泉も楽しめるコースを歩きます。

▽【地図】国土地理院地形図（二万五千）厚木

▽【コース】本厚木バスセンター（バス35分）広沢寺温泉入口バス停（10分）鐘ケ岳バス停（5分）鳥居（70分）鐘ケ岳（30分）山の神トンネル入り口（30分）広沢寺温泉（15分）広沢寺温泉入口バス停（バス35分）本厚木駅

出発は小田急線の伊勢原駅または**本厚木駅**。どちらも上谷戸方面行きのバスで、「**広沢寺温泉入口**」へ。県立丹沢大山自然公園の石碑を見て左に折れ、道標に沿って進む。広沢寺への道を進むと、右手前方に目指す「鐘ケ岳」が全容を現す。山全体は小さいながら、引き締まった釣り鐘型の山容が目を引く。**鐘ケ岳バス停**で右に入り人家が途切れると、鐘ケ岳山頂にある浅間（七沢）神社への参道の石段が始まる。登山道入り口には**鳥居**もあり、信仰の山の雰囲気を感じさせる。針

鐘ケ岳バス停付近から見た鐘ケ岳

葉樹林で覆われた参道には、一丁目から頂上の二八丁目まで丁目石が設置されて頂上への良い目安になる。途中にシカ柵が設置されているので、開けたら必ず閉めよう。

一三丁目には、地元七沢の城主「上杉定正」の内室の墓が登山道から西に三分ほどの樹林の中にある。

一八丁目付近で南側の視界が開け、厚木・伊勢原の市街が見通せる。二二丁目付近では、大山も姿を現す。

二六丁目付近では石段が現

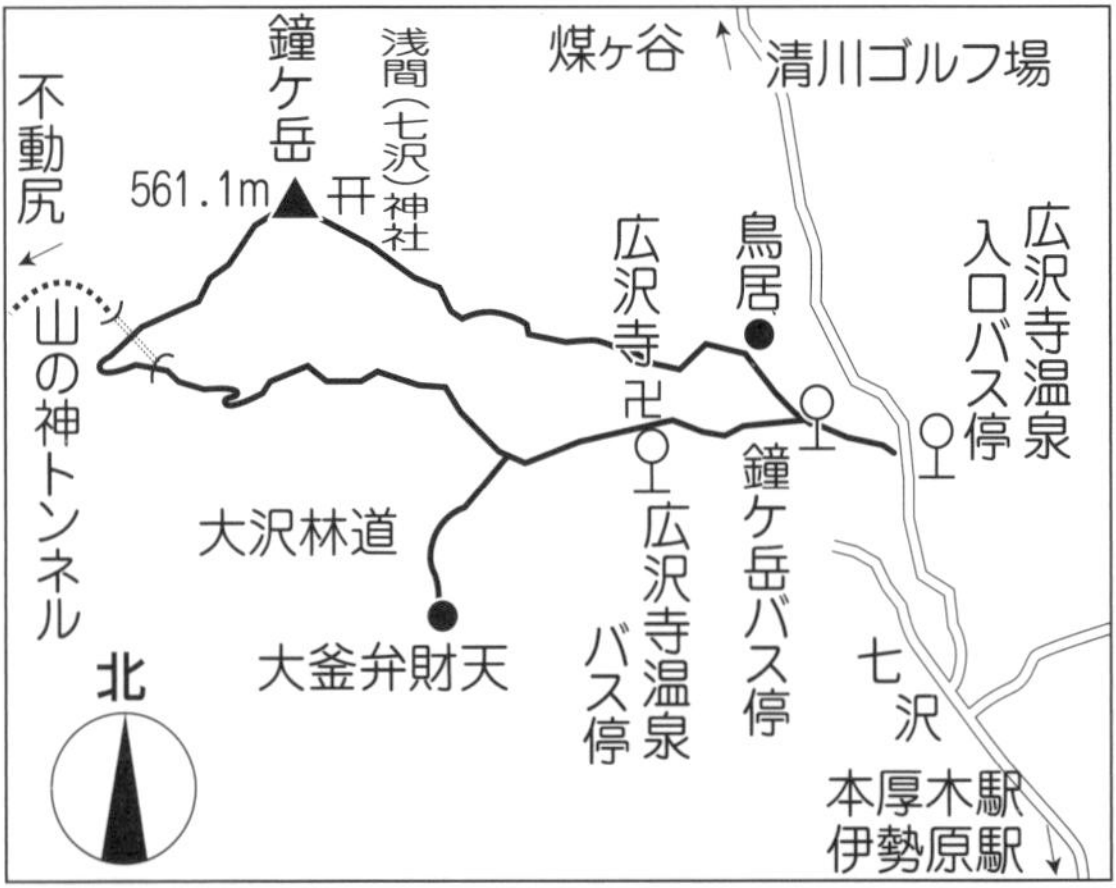

頂上付近の浅間（七沢）神社

れ足にこたえる人も出てこよう。頂上への最後の階段を上ると浅間（七沢）神社に着く。戦前に設置されたというさい銭箱があり、この山の麓の人々の信仰の厚さがしのばれる。

さらに五分ほど上ると、**鐘ケ岳**頂上に到着。以前は展望が利いたようだが、樹林が成長して眺望は望めない。石仏や三角点がある。樹林の中のささやかな空間といった趣がある。下りは広沢寺へ向かう。道標に沿って樹林帯を下る。丹沢三峰や眼下の谷太郎川などを北側方向に見て、大山方面との分岐に出るが、これを見送って左に折れると、一気に**山の神トンネル**を目指して下る。トンネル入り口からは舗装された林道歩きとなる。広沢寺のすぐ前に「**広沢寺温泉**」バス停があるが、本数が少ないので、待つようなら一軒だけの温泉宿、**広沢寺温泉**で一風呂浴びるのもいい。出発地点の「**広沢寺温泉入口**」まで行けば、バスの本数が多くなる。歩いても十五分ほどだ。

【見どころ】 山の神トンネル入り口からの林道途中で、右折して大沢林道をさかのぼると、大沢川の中に**大釜弁財天**がある。これは雨ごいのために祭ったと伝えられる。往復四十分程度。

㊽ 景信山から小仏城山へ

2つの頂上で素晴らしい眺望

【徒歩】3時間20分

▼高尾駅から小仏を経て景信山《かげのぶ》に上り、ここから都県境を小仏城山まで歩き、相模湖に抜けます。

▽【地図】国土地理院地形図（二万五千）与瀬、八王子

▽【コース】高尾駅（バス15分）小仏バス停（60分）景信山（30分）小仏峠（30分）小仏城山（40分）千木良バス停（15分）弁天橋（15分）相模ダム（10分）相模湖駅

JR中央線高尾駅北口から「小仏」行き京王電鉄バスで終点へ。車道を宝珠寺（臨済宗）、小仏霊園を左に見て進む。二つ目の急カーブ先の右側が景信山登山口で道標がある。間伐材利用の手作りベンチもある。時折視界が開けるほかは樹林の中の道を上る。小下沢からの登山道を合流し、階段が現れると、ほどなく景信山だ。広い頂上に茶店やベンチが多数ある。最高点は頂上広場を一段上がった茶店の一番奥で、三等三角点の石柱がある。頂上付近からは、北の堂所山の一部、

小仏城山の茶店で昼食休けい

一段下がった茶店休憩台からは、高尾山や小仏城山、富士、丹沢の山々と相模湖が見晴らせる。小仏峠へは広場南側から下る。下り始めは急坂なので足元に注意。**小仏峠**には明治天皇が休憩されたという記念碑も建つ。

峠から道標に従って、小仏城山へ向かうが、途中の茶店からの相模湖と富士の姿は見事だ。登山道正面に大きなアンテナのある建物が現れると**小仏城山**頂上で、ここにも広場がある。左手先に頂上の標識、一段下にはトイレもある。眺望は東西に開け、景信山に劣らない。特に丹沢方面は右から大室山、蛭ガ岳、丹沢山、塔ノ岳、表尾根、大山までが広がる。

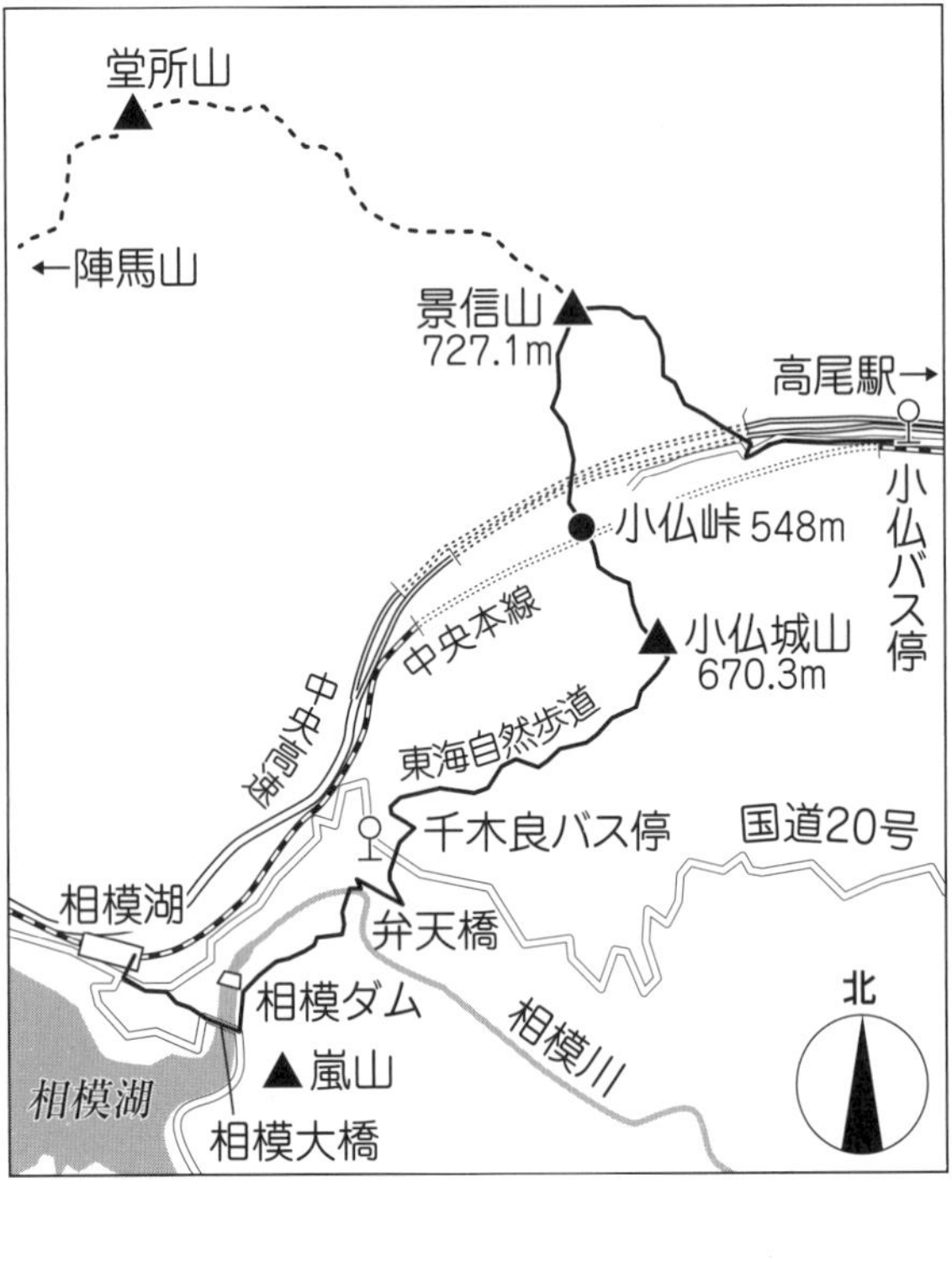

堂所山
←陣馬山
景信山
727.1m
高尾駅→
小仏峠 548m
小仏バス停
中央本線
小仏城山
670.3m
中央高速
東海自然歩道
千木良バス停
国道20号
相模湖
弁天橋
相模ダム
北
相模川
嵐山
相模湖
相模大橋

春には桜が美しい。この先は東海自然歩道を相模湖の弁天橋へと進む。よく踏まれた樹林の中を行く。所々傾斜がきつく石張りの道もあり、雨の後は滑りやすい。

送電線の真下付近で突然前方が開ける。目指す弁天橋方面が指呼の間に見え、中央高速道路を走る車の音も大きくなる。この先が千木良《ちぎら》の集落で、トイレもある。集落内にも要所に道標があり、迷う心配はない。国道20号沿い「**千木良**」**バス停**はすぐ。相模湖駅へバスがある。

川岸へと進み、相模川を**弁天橋**（人道橋）で渡って、対岸の急坂を上り、**相模ダム**に着く。相模ダム天端の筑井大橋は、現在通行止めのため、相模湖大橋で右に向かう道標にしたがい国道20号線に合流。国道で左に折れて次の信号を右に入るとJR**相模湖駅**。

【見どころ】 相模湖周辺の、**相模湖交流センター**内には、**相模湖記念館**があり相模湖の自然や歴史を学べる。湖畔の相模湖公園からは、相模湖や石老山などを望め、園内には水辺、にぎわい、噴水の広場などがある。また、湖の南側の嵐山へのハイキングコース（往復一時間ほど、「かながわの景勝五〇選」にもなっている）もある。

（相模湖記念館☎０４２—６８２—６１２１）

㊾ 石老山

奇岩の参道を歩き眺望も満喫

【徒歩】２時間50分

▼北丹沢と陣馬《じんば》・高尾の山の間にある石《せき》老《ろう》山へ。低山だが奇岩の参道もあり、変化に富んだコースです。

▽【地図】国土地理院地形図（二万五千）与瀬、青野原

▽【コース】相模湖駅（バス８分）石老山入口バス停（20分）顕鏡寺《けんきょう》（30分）融《ゆう》合平《ごう》（30分）石老山（40分）大明神（30分）箕石橋（20分）ピクニックランド前バス停（バス11分）相模湖駅、または箕石橋（20分）渡船場（10分）相模湖公園（15分）相模湖駅

ＪＲ中央線相模湖駅から、三ケ木行きのバスで「石老山入口」バス停へ。赤い欄干の石老山橋、関口橋を渡り道標に従い右へ、相模湖病院裏手から登山道が始まる。石畳の道をたどると幾つかの石碑や、滝不動、屏風岩、仁王岩、駒立岩、力試岩、文殊岩などと名付けられた数々の奇岩の大石の間を進むと、顕鏡寺（真言宗）に着く。杉に囲まれ落ち着いた風情がある。水と、しゃれたトイレがあるので一息つくにはちょうどよい。

寺は八六七（貞観九）年に開かれ、病

相模湖渡船場から船で相模湖公園へ

気や災難よけの寺として栄えたという。飯綱宮の鳥居をくぐると蓮華岩、大天狗岩、擁護岩など、なおも大石が続く。最後の大岩を過ぎると、左手に展望台があり、城山、相模原方面が見渡せる。この先の**融合平**には、休憩台もある。足元の相模湖を挟んで陣馬・生藤《しょうとう》の山並みが見える。

再び樹林を進むと石柱のある高台に着くが頂上ではない。わずかに下り、階段の道を登り返すと目指す**石老山**で、左側が頂上だ。休憩台もあり、樹木に遮られ北側の見通しは利かないが、南側の丹沢方面の眺望は良好。左奥に大山、丹沢山、蛭ケ岳、大室山、富士山と続く。見通し

中央線
北
相模湖
相模湖公園
相模湖
大橋
相模ダム
相模湖
→相模湖駅
ピクニックランド前
バス停
石老山入口
バス停
相模湖
渡船場
箕石橋
橋
本
駅
展望台
顕
鏡
寺
大明神
融合平
相模湖病院
石老山
694.3m

の良い空気の澄んだ冬は道志の山々の後に、南アルプスの雪姿も望める。

大明神へは、途中篠原への道を左に見送り、急な下り坂を行く。雨の後などは滑りやすいので注意しよう。尾根道は木々に遮られているが、**大明神**の先には展望台があり、三六〇度の展望が得られる。生藤山、陣馬山、高尾山から西へは、扇山や大菩薩嶺《だいぼさつれい》などの山々が連なる。

やや急な樹林を下りきって、川の流れが聞こえると林道と合流し、やがてキャンプ場のある**箕石橋**だ。右へ、曲がりくねった車道を下り、県営水道の鼠《ねん》坂ポンプ所を経て、**相模湖渡船場**への入口がある。船着場のドラム缶を叩くと船が迎えに来てくれる。対岸の**相模湖公園**まで十分足らずの乗船で、公園からは**相模湖駅**まで十五分で歩ける。船に乗らず舗装道をそのまま下ると、「**ピクニックランド前**」**バス停**で、JR横浜線の橋本駅、JR中央線の**相模湖駅**のどちらにもバスが通じる。

⑩

陣馬山から奈良子峠へ

白馬の像の下で眺望を楽しむ

【徒歩】3時間40分

▼陣馬山は、東京と神奈川の都県境に位置する山。白馬の像が鎮座し＝写真＝、眺望は三六〇度の素晴らしさ。和田峠から陣馬山を経て、古くからの陣馬街道を奈良子峠へ歩きます。

▽【地図】国土地理院地形図（二万五千）与瀬

▽【コース】藤野駅（バス18分）和田バス停（70分）和田峠（30分）陣馬山（50分）奈良子峠（50分）陣馬の湯（20分）陣馬登山口バス停（バス6分）藤野駅

ＪＲ中央本線藤野駅から「和田」行きバスで終点へ（運行本数が少なく、事前に確認しておきたい。バス道を徒歩一時間半ほど）。和田バス停から和田峠へは舗装道を進む。左手に津久井の名木コウヤマキ（樹齢二百五十年）、県営水道和田浄水場、ＮＴＴの通信専用橋があるほかは、単調なつづら折りの車道が続く。楓橋付近から振り返ると、県最北の山・生藤山や連行峰などが見えるが、さらに上りベンチのある休憩台は「富士山眺望地点（南西方向に五六（キロメートル））」だ。その

陣馬山頂の白馬像

名の通り、富士山が顔を出す。七十分で**和田峠**へ。茶店やトイレもあるので一休み。タクシーならここまで車も入るので時間を短縮できる。

売店の左脇の登山道から陣馬山に向かう。階段や広葉樹の尾根道もある快適な登山道だ。林が切れ最後の階段を上ると、草原状の緩やかな上りとなり、もうひと登り。**陣馬山頂**は白馬の像と三等三角点、周囲には茶店が数軒と休憩台も多くあり、広々とした頂上からは、富士山を筆頭に

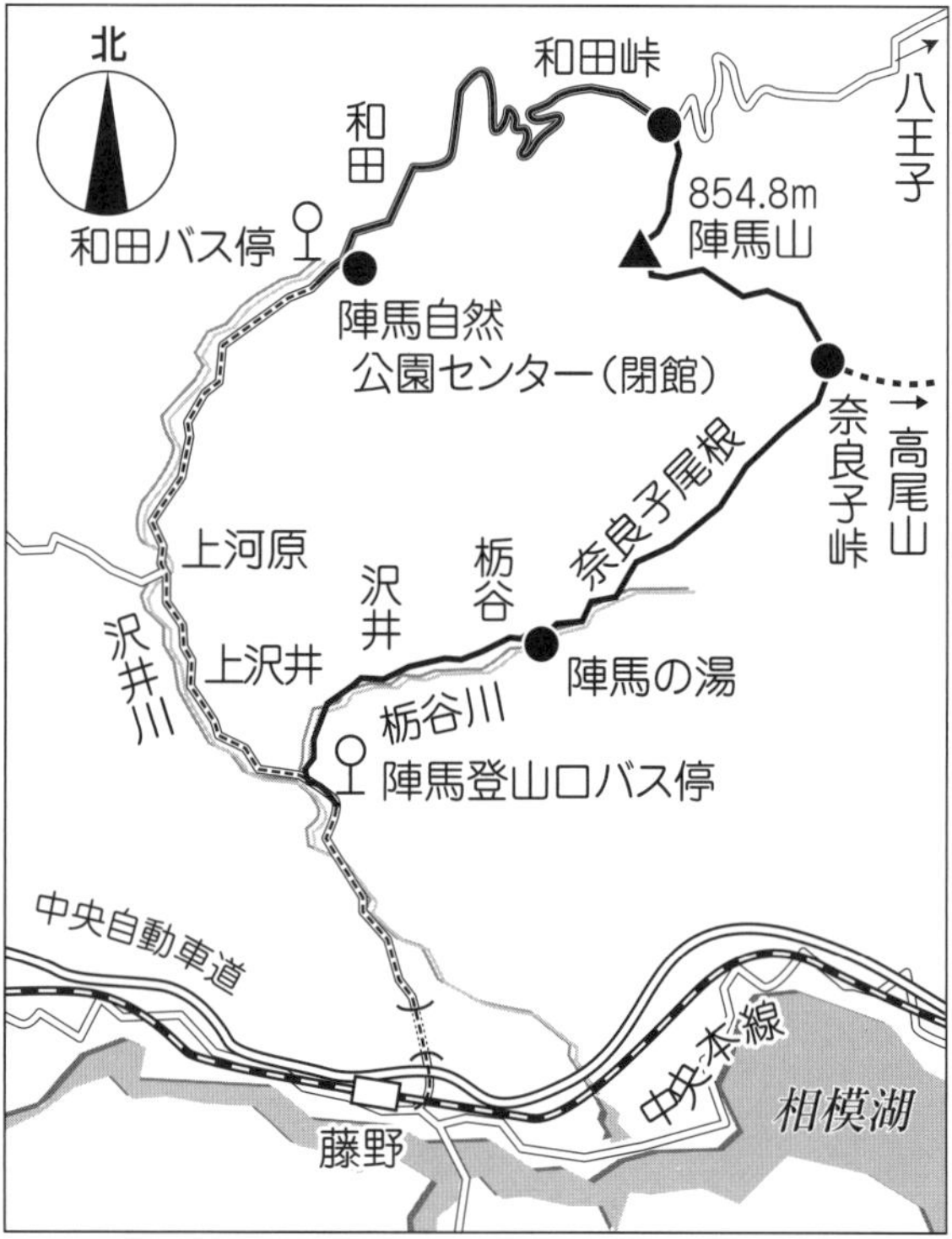
北
和田峠
八王子
和田
854.8m
陣馬山
和田バス停
陣馬自然
公園センター（閉館）
奈良子峠
→高尾山
奈良子尾根
上河原
栃谷
沢井
沢井川
上沢井
陣馬の湯
栃谷川
陣馬登山口バス停
中央自動車道
中央本線
相模湖
藤野

南アルプス、丹沢、秩父、奥多摩、相模湖などが眺望できる。陣馬山の名は、戦国時代、北条と武田が対陣したからと伝えられ、「陣場」とも表記される。

頂上からは道標に従って奈良子峠に向かう。一ノ尾根、栃谷尾根の分岐を右に見送ると、樹林の下りとなる。**奈良子峠**は針葉樹林に覆われて、眺望はないが一息つくにはいいところ。陣馬山から影信山への主尾根と別れて、右の奈良子尾根を下る。林道を横断し、川音が聞こえてくると**陣馬の湯**も間近。沢沿いに三軒の温泉宿があり、日帰り入浴も可能だ。静かな林道に沿って下ると、間伐材を使った特産品販売所もある。バス道を左に折れると「**陣馬登山口**」バス停も近い。バス停以外でも手を上げて合図すると乗車できるのがうれしいが、歩いても三十分ほどで**藤野駅**。

【見どころ】 特産品販売所（栃谷柚子《ゆず》生産組合）では地元の野菜や、柚子を使った特産品を販売（土日祝日営業）

※県立陣馬自然公園センターは2015年3月に閉館したが、トイレは利用できる。

㉛ 生藤山

富士や道志、丹沢の山並み一望

【徒歩】3時間10分

▼県最北端の山・生藤山《しょうとう》へ。山梨県上野原町の石楯尾《いわたてお》神社から、三国山・生藤山を経て藤野町和田まで歩きます。生藤山は神奈川県最北端の山です。

▽【地図】国土地理院地形図（二万五千）与瀬、上野原、五日市

▽【コース】上野原駅（バス20分）石楯尾神社前バス停（50分）佐野川峠（20分）甘草水（20分）三国山（10分）生藤山（30分）佐野川峠（40分）登里《とおり》（20分）和田バス停（バス18分）藤野駅

JR中央線上野原駅から富士急行バス「井戸」行きに乗り、「石楯尾神社前」で下車。登山道はバス停にある道標の先を右に入る。県営水道の「大洞ポンプ所」を進み、人家が途切れた大洞橋手前で左に折れ、沢沿いのコンクリート舗装道へ。社のある分岐で右の山道へ入る。佐野川峠（眺望はない）で左に折れて生藤山に進む。両側には大きな桜があり、春には花見客でにぎわう。休憩台のある甘草水《かんぞう》分岐に着くと富士山が姿を見せる。目指す生藤山は見えないが、続く連行峰、醍《だい》

登里の集落に三国山・生藤山登山口がある

醐《ご》丸や陣馬山が見晴らせる。コースから右に少し入る（往復十分）と**甘草水**。尾根唯一の水場で、日本武尊《やまとたけるのみこと》が東征の折に立ち寄り、鉾《ほこ》でうがち、わき出させたと風土記にあるが、今は飲用できない。

コースに戻り進んで上り下りを繰り返すと**三国山分岐**。右は直接ルートだが、三国山経由で生藤山へ至る左へ進もう。**三国山**頂上は休憩台もあり眺めも良い。北に延びる笹尾根は、奥多摩の三頭《みとう》山に続いている。この先で直接ルートと合流し、岩場交じりの道を上ると**生藤山**。頂上にはベンチと防火用のドラム缶があり、比較的狭いが眺望は三六〇度。西側の富士を筆頭に、道志、丹沢の山並みが

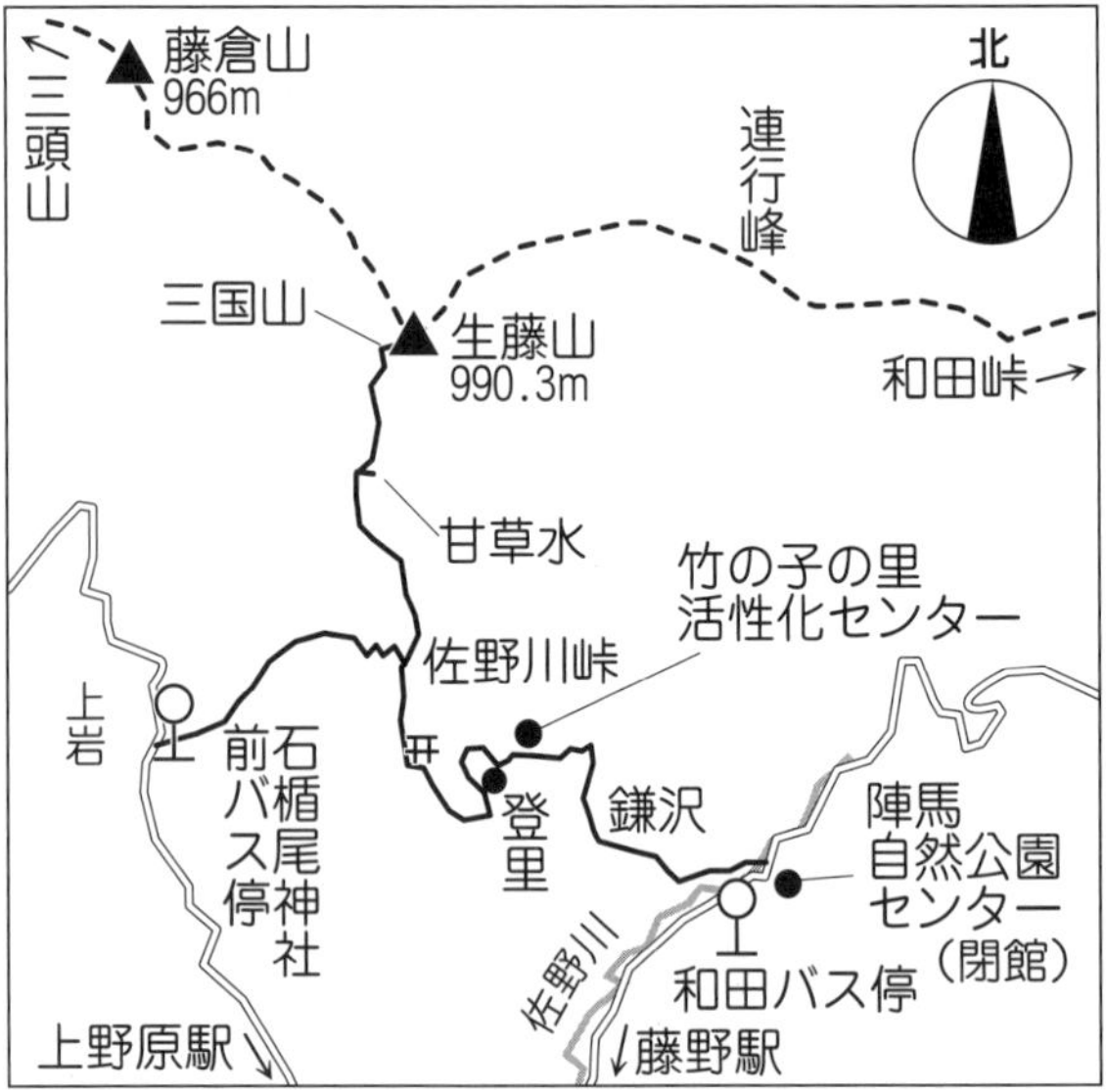
藤倉山
966m
三頭山
北
連行峰
三国山
生藤山
990.3m
和田峠
甘草水
竹の子の里
活性化センター
佐野川峠
上岩
石楯尾神社
前バス停
登里
鎌沢
陣馬
自然公園
センター
(閉館)
佐野川
和田バス停
上野原駅
藤野駅

続く。大山の秀麗な姿も、ここからは目立たない。連行峰をはじめとする陣馬の山並みも指呼のうちだ。

　頂上を後に、佐野川峠まで戻る。下りは三国山は通らない。針葉樹林を抜け、蚕山《こやま》神社を通過すると、快適な雑木の尾根道歩きだ。北に陣馬山から生藤山への尾根道、南に丹沢の山を眺めながら下る。休憩台のある広場には寒桜が植えられ、冬の桜を楽しめる。コースは左に曲がると、正面左に生藤山全景が見える。やや下った登里の集落からは、急坂のコンクリート道。左に「竹の子の里活性化センター」を見てなお下ると鎌沢の集落で、川に出る。橋を渡らず右に折れ、県立鎌沢駐車場を見て、集落を抜けると宮幡橋。これを渡りほぼ水平な一本道を進むと県道に合流する。右に曲がると、陣馬自然公園センター（閉館）。広場に「和田」バス停があり、神奈中バスで藤野駅に行ける。本数が少ないので、下調べが必要。

※陣馬自然公園センターは2015年3月に閉館したが、トイレは利用できる。

52

南高尾縦走（高尾山から峰の薬師へ）

ミシュラン三つ星の山を歩こう

【徒歩】4時間40分

▼この山稜は高尾山の南に位置し、高尾山を経て相模湖から津久井湖にかけての都県境を峰の薬師まで歩くコースで、南高尾縦走と呼ばれています。

▽【地図】国土地理院地形図（二万五千）八王子、与瀬、上溝

▽【コース】高尾山口駅（5分）清滝駅（ケーブル6分）高尾山駅（20分）薬王院（30分）高尾山（大見晴台）（60分）大垂水峠（30分）大洞山（30分）中沢山（60分）三沢峠（20分）峰の薬師（25分）クラブ前バス停（バス21分）橋本駅

京王線高尾山口駅から、土産物屋の並ぶ道を進む。ケーブル・清滝駅から約五分で終点の高尾山駅へ。表参道（一号路）杉並木を薬王院、飯綱権現堂、不動堂（奥の院）と進み、高尾山頂上まで一本道だ（高尾山は二〇〇九（平成二十一）年一月、ミシュラン制定の三つ星観光地に選ばれた）。

高尾山頂上（大見晴台）にある高尾ビジターセンターでは、自然観察資料や周辺の登山コース情報も提供してくれる。空気が澄んでいれば、東京・横浜の街並

み、秩父、富士山、丹沢、大山も眺望されれ、これから進む南高尾の山々も指呼のうちだ。水もトイレもある。下ってもみじ台へのコースをとる。昔ながらの茶店や、近代的なトイレもある。

一丁平への道と分かれ、左折して大垂水歩道を峠へ向かう。**大垂水峠**で国道20

ミシュラン三つ星のモニュメント

号線をまたぐ「大垂水峠橋」を渡り、梅の木平方面の道標に従って進む。冬にはシモバシラ（シソ科の植物、氷の花も咲く）も見られる北斜面の上り坂を進み、尾根道に出てベンチのある休憩場所を過ぎると、**大洞山**頂上。高尾の山並みや小仏城山が樹林の間に望まれる。

これから先は自然林の気持ちの良い道を通りコンピラ山へ。さらに樹林の下り坂を中沢峠、中沢山と進む。**中沢山**頂上へは縦走路から五分上る。樹林に囲まれ、石仏がひっそりとたたずむ。

再び従走路に戻り見晴台に着くと、眺めは素晴らしく、眼下に水をたたえた津久井湖と名手《なで》橋や三ケ木の集落が、奥に

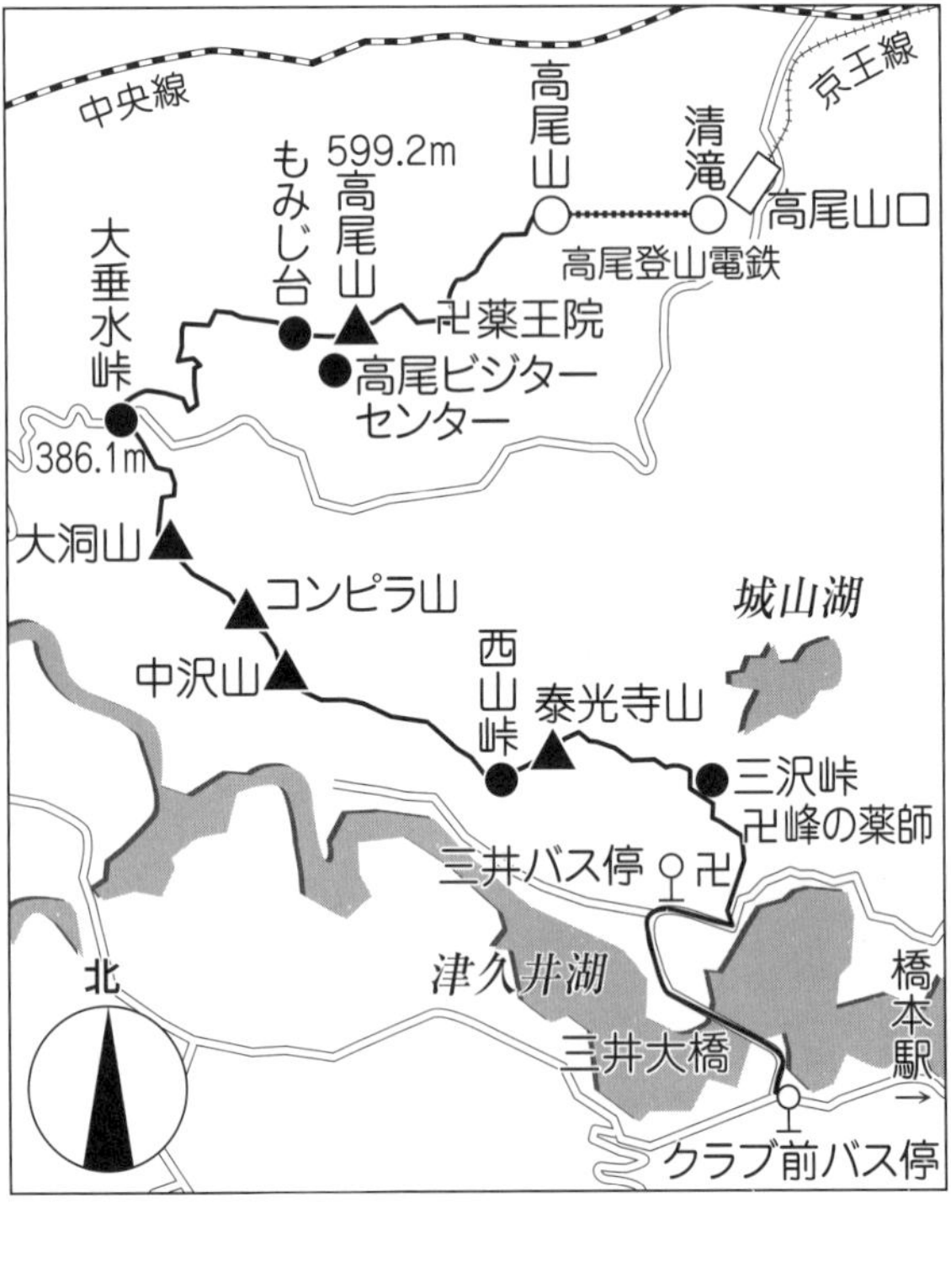
中央線
京王線
高尾山
清滝
高尾山口
高尾登山電鉄
599.2m
高尾山
もみじ台
大垂水峠
卍薬王院
高尾ビジターセンター
386.1m
大洞山
コンピラ山
城山湖
中沢山
西山峠
泰光寺山
三沢峠
卍峰の薬師
三井バス停
卍
津久井湖
北
橋本駅→
三井大橋
クラブ前バス停

中沢山付近見晴台から三ケ木方面を望む
右上は石老山、右下は津久井湖

は石老山や丹沢の山々が広がる。この先も樹林の道で展望はわずか。西山峠、三沢峠と続く。三沢峠で、**梅の木平**への道標と分かれ、右折して武相四大薬師の一つ「**峰の薬師**」へ。鉄塔のある建物を過ぎ、右折し進むと峰の薬師奥の院、参道を下ると本堂だ。眼下に津久井湖や城山ダム、奥には城山、相模原方面の眺望が開ける。広場には姿三四郎決闘の場の記念碑も。

階段参道を下り舗装道に出て右に進み、さらに進んで歩道のない三井大橋を渡るが、三井大橋では、最近歩道橋の設置工事も進んでおり、早い完成を期待したい。太井の信号を左に折れた所にある「**クラブ前**」バス停まで行こう。

㊺3

津久井城山
山城と美林と湖畔をめぐる

【徒歩】１時間50分

▼津久井城山（あるいは筑井城山）は、戦国時代には天然の要さいとなった山城でしたが、今は県民の水がめとして造られた津久井湖をめぐる手軽なハイキングコース。今回は北根小屋から上り、城山ダムのある荒川登山口に下ります。

▽【地図】国土地理院地形図（二万五千）八王子、上溝

▽【コース】橋本駅（バス20分）北根小屋バス停（5分）小網諏訪神社（30分）堀切（10分）城山（本城跡）（10分）堀切（10分）飯縄神社（5分）南峰台（5分）宝ケ池（25分）江川ヒノキ林（10分）展望台バス停（バス18分）橋本駅

ＪＲ横浜線橋本駅から三ケ木《みかげ》行きバス（三井経由は不可）で、「北根小屋」バス停で下車。少し戻り電気店手前で右に折れ、突き当たりのＴ字路を左へ曲がると高台の小網諏訪神社へ。神社脇のコンクリート舗装道を少し上り十字路を直進すると登山道になり、間もなく現れる道標に従って、ジグザグの急坂を進む。女坂に合流するあたりから緩やかになり、

峰の薬師から見た城山（中央）と津久井湖

山の道らしい樹林上りを行く。複雑な城山の地形を巧みに利用して造られた**堀切**を右折して進み、引橋跡を過ぎると**城山**頂上はすぐ。

標高三七五㍍の頂上は、宝ヶ峰とも呼ばれ、鎌倉時代に三浦一族の筑井義胤《よしたね》が城を築いたとされ、西に本城曲輪、中央に太鼓曲輪、東側に飯縄曲輪があった。一八一六（文化十三）年、島崎律直が建立した「筑井古城記」の石碑も残り、解説板がある。城址は一周できるが展望はわずかだ。

頂上から堀切へ戻り**飯縄神社**へ。社は階段を上った小高い山にある。神社の南側には、見晴らしの良い**南峰台**広場があ

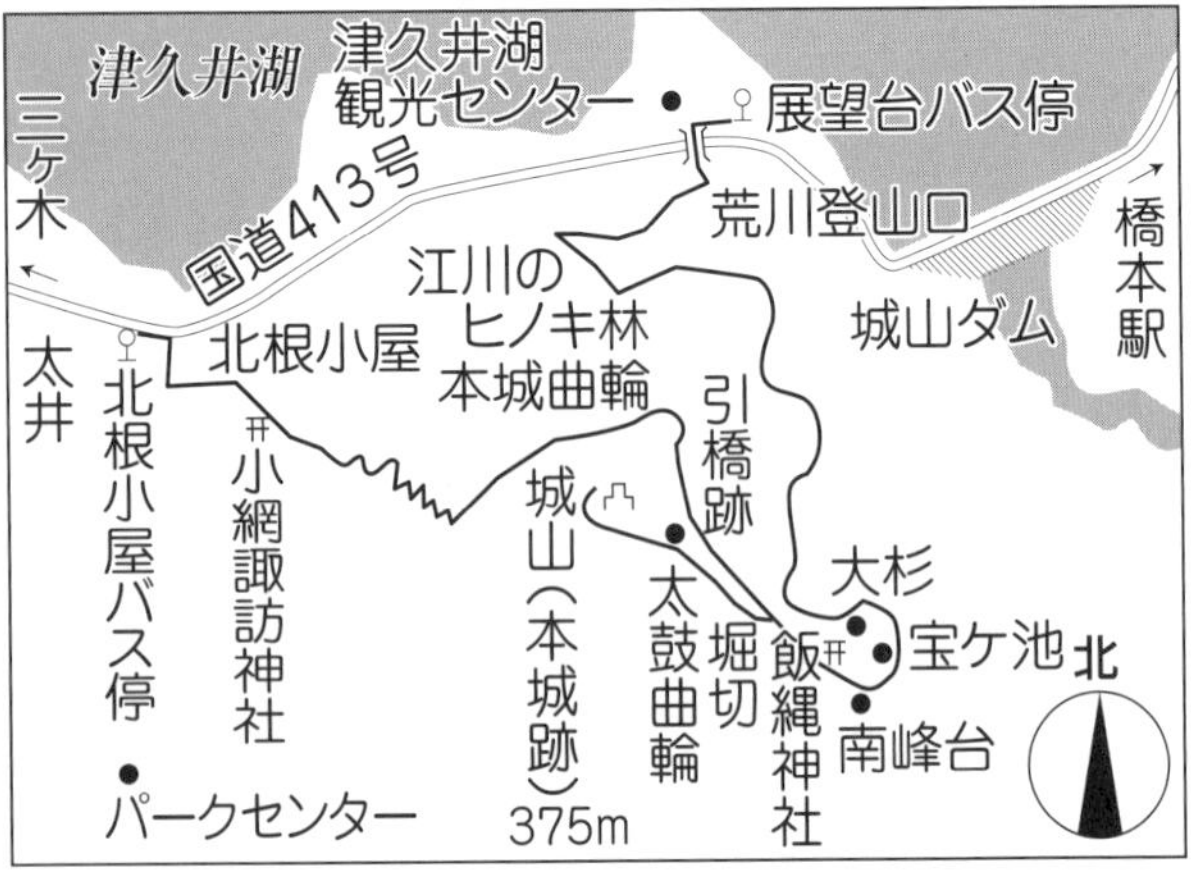

県立津久井湖城山公園パークセンター

り、小倉山や武田・北条の古戦場である三増峠、志田山、仏果山方面を眺望できる。津久井城の遺構の一つ宝ケ池は、どんな日照りでも枯れないという言い伝えがある。この先には樹齢九百年の大杉がそびえる。

帰りは荒川登山口へ。途中鎖の張られた急な下りもあるが、フェンスに沿って手すりが設置され安心して上り下りできる。北根小屋からの道に合流し右に折れる。付近は「江川のヒノキ林」と呼ばれ、伊豆韮山《にらやま》の反射炉で有名な江川太郎左衛門英龍が植え始めたという。

江川ヒノキ林は「かながわの美林五〇選」でもある。この先は桜の小道で、筑井公園橋を渡ると、津久井湖畔の「花の園地」。「展望台」バス停から橋本駅行きバスに乗る。

【見どころ】県立津久井湖城山公園（九七ヘクタール）は、津久井城を中心に、東側の津久井湖畔には「花の苑地」「水の苑地」がある。西側の根小屋地区にはパークセンターがあり、自然観察や津久井城ガイド登山などを行っている。

（県立津久井湖城山公園パークセンター
☎042—780—2420）

◎関係する国・県機関一覧

環境省箱根ビジターセンター	0460(84)9981	
神奈川県自然環境保全センター	046(248)0323(代表)	046(248)6682(直通)
東京都高尾ビジターセンター	042(664)7872	

◎関係市町村（観光主管課）と観光協会一覧

横浜市観光振興課	045(671)2121(代表)	045(671)2596(直通)
㈶横浜観光コンベンションビューロー	045(211)1203	
川崎市商業観光課	044(200)2111(代表)	044(200)2327(直通)
川崎市観光案内所	044(222)0100	
横須賀市観光課	046(822)4000(代表)	046(822)8301(直通)
横須賀市観光協会	046(822)8256	
平塚市商業観光課	0463(23)1111(代表)	0463(35)8107(直通)
平塚市観光協会	0463(20)5110	
鎌倉市観光課	0467(23)3000(代表)	0467(61)3884(直通)
㈳鎌倉市観光協会	0467(23)3050	

小田原市観光課	0465(33)1302(代表) 0465(33)1521(直通)
小田原市観光協会	0465(22)5002
逗子市経済観光課	046(873)1111(代表)
逗子市観光協会	046(873)1111
三浦市商工観光課	046(882)1111(代表)
㈳三浦市観光協会	046(888)0588
秦野市観光課	0463(82)5111(代表) 0463(82)9648(直通)
㈳秦野市観光協会	0463(82)8833
厚木市観光振興課	046(223)1511(代表) 046(225)2820(直通)
厚木市観光協会	046(228)1131
伊勢原市商工観光振興課	0463(94)4711
伊勢原市観光協会	0463(94)4711
海老名市商工課	046(231)2111(代表) 046(235)4843(直通)
海老名市観光協会	046(231)5865
南足柄市商工観光課	0465(74)2111(代表) 0465(73)8031(直通)
南足柄市観光協会	0465(74)2111
葉山町産業振興課	046(876)1111
葉山町観光協会	046(876)1111

大磯町観光推進室	0463(61)4100
㈳大磯町観光協会	0463(61)3300
大井町地域振興課	0465(85)5013
松田町観光経済課	0465(83)1221(代表)　0465(83)1228(直通)
松田町観光協会	0465(85)3130
山北町商工観光課	0465(75)1122(代表)　0465(75)3646(直通)
山北町観光協会	0465(75)2717
箱根町観光課	0460(85)7111(代表)　0460(85)7410(直通)
㈶箱根町観光協会	0460(85)5700
真鶴町産業観光課	0465(68)1131
真鶴町観光協会	0465(68)2543
湯河原町観光課	0465(63)2111
㈳湯河原温泉観光協会	0465(64)1234
愛川町商工観光課	046(285)2111(代表)　046(285)6948(直通)
愛川町観光協会	046(285)2111
清川村産業観光課	046(288)1211(代表)　046(288)3864(直通)
清川村観光共同組合	046(288)1223

相模原市商業観光課	042(754)1111(代表)　042(769)8236(直通)
相模原市観光協会（市・商業観光課内）	042(769)8236
相模原市城山経済観光課	042(783)8065
城山観光協会（城山経済観光課内）	042(783)8065
相模原市津久井経済観光課	042(780)1405
津久井観光協会	042(784)6473
相模原市相模湖経済観光課	042(684)3240
相模湖観光協会	042(684)2633
相模原市藤野経済観光課	042(687)2119
藤野観光協会（藤野経済観光課内）	042(687)2119
東京都八王子市観光課	042(626)3111(代表)　042(620)7378(直通)
㈳八王子観光協会	042(643)3115
山梨県上野原市経済課	0554(62)3111(代表)　0554(62)3119(直通)
山梨県上野原市観光協会	0554(62)3119

◎交通機関問い合わせ先一覧

㈳神奈川県バス協会　０４５（２０１）３３１５

神奈川バス案内ＷＥＢ　http://www.kanagawabus.or.jp/

京浜急行バス㈱本社　０３（３２８０）９１７３

http://www.keikyu-bus.co.jp/

京浜急行バス㈱鎌倉営業所　０４６７（２３）２５５３　鎌倉市内

逗子営業所　０４６（８７３）５５１１　大楠山

衣笠営業所　０４６（８３６）０８３６　武山

三崎営業所　０４６（８８２）６０２０　城ヶ島、劔崎、荒崎方面

㈱江ノ電バス手広営業所　０４６７（４５）４３２１　散在ガ池

http://www.enoden.co.jp/bus/

神奈川中央交通㈱本社運輸部　０４６３（２２）８８３３

http://www.kanachu.co.jp/

横浜営業所　０４５（８９１）７１１１　朝比奈切通

平塚営業所　０４６３（５５）７７００　湘南平
伊勢原営業所　０４６３（９５）２３６６　七沢、大山方面
㈱相模神奈交バス厚木営業所　０４６（２９１）２１２３　七沢、宮ケ瀬方面
㈱湘南神奈交バス秦野営業所　０４６３（８１）１８０３　丹沢方面
㈱津久井神奈交バス津久井営業所　０４２（７８４）０６６１　相模湖、津久井、陣馬山方面
箱根登山バス㈱本社運輸部　０４６５（３５）１２０１
http://www.hakone-tozan.co.jp/
関本営業所　０４６５（７４）００４３　矢倉沢、地蔵堂、足柄峠方面
湯河原駅営業所　０４６５（６２）３３４５　幕山、城山、真鶴岬
小田原営業所　０４６５（３５）１２７１　箱根方面
伊豆箱根鉄道㈱本社　０５５９（７７）１２１１
http://www.izuhakone.co.jp/
小田原営業所　０４６５（３４）０１８２　箱根方面
湯河原営業所　０４６５（６２）２５５５　真鶴岬
富士急湘南バス㈱本社　０４６５（８４）００９３　丹沢湖方面

㈳東京バス協会　０３（３３７９）２４４１
東京バス案内ＷＥＢ　http://www.tokyobus.or.jp/
京王電鉄バス㈱八王子営業所　０４２６（４２）２２４１　小仏方面
富士急山梨バス㈱上野原営業所　０５５４（６３）１２６０　生藤山方面

＊記載の電話番号等、関係各所の案内は改訂版作成時のものであり、情報内容は変更される場合がございます。あらかじめご了承ください。

あとがき

本書で紹介したコースは、二〇〇二年五月から二〇〇三年四月まで、神奈川新聞日曜日付のシニア面に約一年間連載した「楽しくハイク・かながわコースガイド」を大幅に加筆して、二〇〇三年九月に初版「かながわのハイキングコースベスト50」として出版したものです。不慣れなため至らない個所も多々ある中、山を愛する多くの読者の皆様に支えられ、改訂版までこぎつけられるとは、当初全く予想していなかったことです。読者の方々からは、「50コースに挑戦してもう半分歩いた」「仲間とともに歩くコースとして50コースから選んでいる」「市販のガイド本はA４判が多いが文庫サイズなので持ち運びに便利」などさまざまな嬉しい反響が寄せられました。また、本の中で紹介した内容についての質問もあり、書くということの難しさを勉強しました。

再調査にあたって、仕事休みの土日を中心に行程を組み、さらに五月の連休や祝日を使い１コースずつ歩きました。自宅から遠隔の三浦、津久井方面は、どんなに朝早く出掛けても、調査ですから手を抜くこともできず、帰宅は夜遅くなってしまいます。

幸い健康面にも恵まれ、家族の協力を得て新コースも含め、待望53コースの調査を完了しました。

当然のことですが、山のガイドは山に登らないと書けません。そこで私が「鐘ケ岳」を歩いた後の、ヤマビルの被害体験から、前回はまだ記載しなかった「ヤマビルの対策」を加えました。

改訂にあたっては、出版部の小曽利男さん、とりわけ担当の高木佳奈さんにはお世話になりました。また、今回も山の先輩である古谷聖司、泉久恵の両氏には適切なアドバイスをいただきました。紙上を借りてあらためてお礼を申し上げます。

本を手元に実際に歩かれた方には、コース上の事や記載事項等で気づいた点などありましたら、忌憚のないご意見や感想をいただければ幸いです。

最後に、本書で取り上げたコース以外にも、神奈川にはまだ良い山がたくさんあります。このガイドが縁で、多くの方がハイキングを楽しむきっかけになればと願っております。

二〇一〇年五月

山本正基

著者紹介

山本正基（やまもと・まさき）
1952年、神奈川県南足柄市に生まれる。
神奈川県庁山岳会で登山の経験を積む。
現在、環境省自然公園指導員、神奈川県庁山岳会員、日本山岳会会員、同丹水会幹事。
神奈川県南足柄市在住。

かもめ文庫 ―――― ㊿64

新装版 かながわのハイキングコース ベスト50ぷらす3

2010年5月25日 初版発行
2016年11月25日 第5刷発行

著 者 山本正基
発 行 神奈川新聞社
〒231-8445 横浜市中区太田町2-23
電 話 045(227)0850（出版メディア部）
ＦＡＸ 045(227)0785

装 丁 神奈川新聞社デザインセンター

Printed in Japan ISBN 978-4-87645-458-7 C0126

本書の記事、写真を無断複写（コピー）することは、法律で認められた場合を除き、著作権の侵害になります。

定価は表紙カバーに表示してあります。

落丁本・乱丁本はお手数ですが、小社出版部宛にお送りください。

送料小社負担にてお取り替えいたします。

「かもめ文庫」発刊について

明治の近代化から一世紀余り、戦後の米軍進駐からすでに三十年余、神奈川といえば日本のどこよりも移動の激しい土地柄、変化の目まぐるしい地域社会として知られています。特に戦後は、都市化・工業化と呼ばれる時代の波を頭からかぶり、郷土かながわの山河・人心は一変しました。

しかし、自らの足もとを見直そう、自分の生活周辺をもう一度見つめ直したいという欲求は、年とともに高まるばかりです。神奈川生まれでない神奈川県民、ふるさとを別に持つお父さんお母さんのあとに、いまではたくさんの神奈川生まれが続いています。

イギリスに「われわれは、別れるためにのみ会っている」という古いことわざがあります。日本語の「会者定離」や「会うは別れの始め」をほうふつさせます。茶道から出た「一期一会」も同じ根っこからの発想と申せましょう。私たちは離合集散の激しい社会、うつろいやすい時代に生きているからこそ、ただひとたびの出会いを大切にしたいものです。

「かもめ文庫」は、七百万県民の新しい出会いの場、触れ合いの文庫として創刊されました。照る日・曇る日、いつも私たちの頭上で無心に舞っている県の鳥カモメ。私たちはこの文庫を通し、神奈川の昨日・今日・明日に出会うことを願って、一冊一冊を編んでいきたいと思います。

1977年11月